Marie Eve —
Fanny
Estelle — Anne Hébert
Laura — Laure Conan

La Saga des poules mouillées

Jovette Marchessault

La Saga des poules mouillées

Deuxième édition

LEMÉAC

Première édition: les Éditions de la Pleine Lune, 1981

Maquette de la couverture: Claude Lafrance
Photographie de la couverture: Robert Barzel
Photographies de l'intérieur: André LeCoz

ISBN 2-7609-0178-5

© Copyright Ottawa 1989 par Leméac Éditeur
Dépôt légal – Bibliothèque nationale du Québec
3ᵉ trimestre 1989

Imprimé au Canada

Le commencement
d'un nouveau monde

Jovette Marchessault est écrivaine comme la mouette est oiseau. Ses ailes de géante la propulsent dans des espaces sidéraux d'exaltation lyrique où ne planent habituellement que les puissants rapaces ou les volées en migration. C'est à partir de sa condition de femme dans une société sexiste qu'elle a pris son essor et c'est, bien sûr, des femmes qu'elle traite dans toute son œuvre, poétique comme théâtrale.

Irrémédiablement éprise de littérature et consciente de ce que la littérature a fait aux femmes, elle a consacré une bonne part de ses écrits à tenter de démontrer ce que les femmes ont fait à la littérature en l'enrichissant de leurs qualités propres, en lui infusant une vie nouvelle que la moitié mâle de l'espèce — vision bloquée par des œillères — avait toujours omis de considérer. Sa prose comme ses vers sourdent de racines profondes, ancrées dans l'humus d'un vécu féminin passionné.

La Saga des poules mouillées c'est la vie dans toute sa fougue, le miracle de la joie chez celles qui se retrouvent enfin, se sentent les côtes et s'épaulent dans un rire iconoclaste épanoui. Il ne faut surtout pas y chercher l'objectivité, cette prétendue sagesse au-dessus de la mêlée. « L'objectivité ou la muraille de Chine, fait dire l'auteure à l'un de ses personnages, pour moi c'est du pareil au même : quelque chose qu'on érige pour contenir le pire. »

Véritable récit mythologique de chez nous, La Saga... met en présence, dans une impossible rencontre anachronique, quatre magistrales figures créatrices de la littérature québécoise, chacune animée par une passion vive : profon-

deur troublée du souvenir chez Laure Conan, dite l'Ancienne; simplicité émouvante de la maternité assumée chez Germaine Guèvremont, la Paroissienne; apparente superficialité humoristique contagieuse chez Anne Hébert, Tête Nuageuse; et exubérance mordante de l'impatience chez Gabrielle Roy, Petite Corneille. Chacune est empreinte d'une très forte personnalité comme il a fallu qu'en affichent résolument ces pionnières de l'écriture féminine pour se faire une place dans un monde contrôlé par les hommes et jusqu'à elles réservé à leur usage quasi exclusif.

Leur rencontre constitue un rare moment d'exaltation exubérante, riche à foison de métaphores pertinentes, de signifiantes références culturelles (dans le sens le moins limitatif du terme), de brillantes réflexions, de bebittes enfin écrabouillées, d'humour à maintes reprises irrésistible et de sentiments troublants fouillant tous les replis des difficultés de la création féminine. Le rire et l'émotion s'y côtoient allégrement. L'inventivité ne le cède qu'à la vérité et au respect des quatre personnages amplifiés dont le souffle et la vivacité soutiennent le rythme de ce qui est avant tout un spectacle théâtral.

«Blasphème ou reprise en main des réalités profondes qu'une liturgie mâle s'était appropriée?» La question est posée fort à propos, dans la pièce, par Gabrielle Roy. En supposant, contre toute évidence, qu'il y a effectivement blasphème, on ne peut négliger une réalité profonde que rappelle plus loin Anne Hébert: «Sur cette terre promise, on a brûlé deux choses: des femmes et des livres.» Comment donc alors ne pas vouloir, poursuit encore cette noble poétesse «...remonter plus loin que la Genèse officielle, retracer la culture des femmes à son premier embryon de bonheur»?

C'est avant tout la cognation, ou parenté par les femmes, qui réunit ces quatre folles exubérantes dans une entreprise démesurée d'extinction des grandes peurs par la catharsis que provoque le récit ou le simple échange des difficultés qui ont pavé leurs vies d'écrivaines. À travers elles se rencontrent également les personnages féminins qui ont enluminé leurs œuvres respectives, incarnant leurs craintes et leurs angoisses dans des vies tourmentées. Rose-Anna, Florentine, Marie-Didace, Phonsine, Angéline de Montbrun et toutes ces héroïnes de la littérature québécoise au féminin sont là, en filigrane, entremêlant leurs drames à ceux de leurs créatrices, dont elles ne sont en fait que les alter ego littéraires. «Il y a des femmes qui nous donnent des images en croissance de nos vies», lance Laure Conan au moment de rappeler qu'il n'y a pas de fossé entre la créatrice et sa créature, que la seconde n'est que le prolongement de la première, son incarnation dans l'imaginaire collectif.

Prise de conscience, bien entendu, réalisation tragique d'une situation d'inégalité qui a prévalu et qui prévaut encore, mais un tragique qui table sur l'humour. Blessée à bon droit par le classique et méprisant «Comme l'esprit vint aux femmes», Germaine Guèvremont expose à ses trois camarades de lettres un projet d'écriture à quatre voix, qui s'intitulerait: «Comment les forceps vinrent aux hommes». «Ça va faire peur au monde, c'est certain, souligne Laure Conan, mais ça ne m'empêchera pas de l'écrire.» Avant qu'Anne Hébert, moqueuse, ne rappelle les méfaits de l'autocensure et la nécessité pour les femmes qui veulent être bien reçues et bien perçues de n'«écrire et publier que des livres de recettes». Logique en tous points, c'est encore cette aînée de notre littérature féminine, Laure Conan, qui rappellera qu'«il faut en finir avec cette nuit colossale... la nuit de l'anonymat, des pseudonymes! Je parle au nom de toutes celles qui écrivent, qui créent quelque part dans le monde. Il faut en finir sinon...»

Ce texte franc demeure avant tout du théâtre et c'est sans doute sur scène qu'il prend véritablement l'envol qu'il ne peut manquer de provoquer. Michelle Rossignol et ses compagnes en avaient réussi une théâtralisation éclatante, pleine de mouvement, d'inventivité et de vie profonde, sur la scène du *Théâtre du Nouveau Monde*, en 1981. Il faut espérer que sa nouvelle publication incitera d'autres créateurs et créatrices à remonter cette pièce, nettement l'une des plus éblouissantes et des plus profondément novatrices du répertoire québécois.

Le sixième et dernier tableau de l'œuvre s'intitule Un grand départ. Ouverture donc sur laquelle mène ce constat d'aliénation de la femme créatrice, ouverture sur une prise de possession de la place qui revient de simple droit à plus de la moitié de la population. Avec La Saga des poules mouillées, Jovette Marchessault ne fait qu'ouvrir la porte qu'il suffit maintenant de franchir pour que tous les espoirs soient dorénavant permis. Laissons, comme Jovette, à Gabrielle Roy, Petite Corneille, le soin d'annoncer la suite: «Femmes des ailleurs, ça ressemble de plus en plus au commencement d'un nouveau monde.»

JACQUES LARUE-LANGLOIS
mai 1989

EN GUISE DE DÉDICACE

Je dédie LA SAGA DES POULES MOUILLÉES à Gloria Orenstein
et à Michelle Rossignol.

S'il m'importe de dire pourquoi ma première pièce
de théâtre leur est dédiée c'est qu'en l'explicitant, je vais
parler de la culture des femmes, de reconnaissance, de
transmission de savoir, de création. Parce qu'il s'agissait
aussi pour moi de sauver ma vie, de rendre visibles,
lisibles le sens et la signification de ce que je créais,
l'amitié, la reconnaissance et l'amour de Gloria et un
peu plus tard dans le temps, la confiance et l'amitié de
Michelle me furent essentiels.

ESSENTIELLES! Sans elles, je sais que je serais
restée isolée dans ma création. Quand je parle d'isolement, je parle de choses fondamentales, vitales:
isolement qui nous rend à jamais absente. Isolement
qui dévore l'imaginaire. Isolement qui a tué tant de
femmes écrivains. Aussi isolement qui nous conduit
ou à la folie, ou au suicide, ou au silence. Je pense à
Sylvia Plath, à Unica Zurn, à Colette Thomas, à Laure
— compagne de Georges Bataille, le roi de la porno
académique — à Sophie Podolski. Je pense aussi à des
centaines d'autres femmes assassinées dès leur première œuvre par une critique patriarcale fondamentalement castrante et meurtrière. Et qu'on ne vienne
plus me parler de paranoïa!

C'est une amie américaine, universitaire, écrivain,
Erika Ostrovsky qui a rendu possible ma rencontre avec
Gloria en me suggérant de lui faire parvenir des diapo-
sitives de mes œuvres visuelles. Depuis 1969, je persis-

tais dans une fabrication de femmes telluriques et de masques de survie dont presque personne ne voulait. Gloria qui avait rédigé un long texte sur la réémergence de l'archétype de la Grande Déesse dans l'art visuel d'artistes américaines et européennes contemporaines fut assez frappée par mes images pour m'écrire, sans tarder, une première lettre chaleureuse... à laquelle je répondis, moi aussi, sans plus de délai. Dans les mois qui suivirent, elle me fit parvenir plusieurs de ses textes critiques et à sa demande je lui postai mon seul roman publié COMME UNE ENFANT DE LA TERRE. Quand je reçus ses commentaires sur ce livre, je compris, dans une illumination, qu'une critique féministe, au contraire d'une critique patriarcale qui cherche en général à tuer l'œuvre des femmes, pouvait l'enrichir et la porter dans un voyage extatique qui n'avait pas de fin.

C'est ainsi que débuta notre amitié et une longue correspondance nourricière, stimulante ou en quelque sorte nous échangeâmes nos cultures. Elle me fit découvrir l'œuvre de Frida Kahlo, de Leonora Carrington, les Salonnières, les femmes occultées du mouvement surréaliste. À travers son texte sur la réémergence de la Grande Déesse je découvris aussi l'œuvre d'artistes comme Ana Mendiata, Miriam Sharon, Mary Beth Edelson, Judy Chicago... Et j'étais fascinée, stimulée par la diversité, l'intelligence, la sensibilité de son travail de critique féministe. Je lui racontais ce qui se passait ici, les livres publiés par les femmes, la fondation du Théâtre Expérimental des Femmes et aussi mon quotidien difficile, la survie, le rapiéçage de la mémoire, le manuscrit de LA MÈRE DES HERBES refusé pour la Xe fois...

Ce n'est qu'après une année de correspondance que nous nous sommes enfin rencontrées en août 78, chez elle, à New York, quelques semaines avant son départ pour la France où elle allait diriger un programme d'études. Je me souviens, dans un restaurant chinois de SoHo, je lui demandai si elle accepterait que je lui dédie ma prochaine œuvre. Nous ne savions ni l'une, ni l'autre que cette œuvre serait LES VACHES DE NUIT... Gloria m'a dit: «Oui, j'accepte. Et je m'engage à te soutenir dans ta création à travers tous les risques, les dépressions, les angoisses.»

Les femmes se sont toujours aidées, épaulées, encouragées, soit à travers des Salons littéraires, soit à travers des lettres. Je pense entre autres, aux lettres passionnées qu'échangèrent Madame de Récamier et Madame de Staël et qui sauvèrent sans doute la vie à cette dernière. Je pense aux lettres non moins passionnées qu'échangèrent Virginia Woolf et Vita Sackville-West. Aux lettres d'Anaïs Nin... Je pense à Alice B. Toklas, femme d'un esprit critique littéraire et qui a dit Oui! Oui! à l'œuvre de Gertrude Stein alors que celle-ci doutait de son talent, de son génie: Alice qui a partagé les années les plus importantes et les plus productives de la vie de Gertrude. Je pense à tous les Salons littéraires que les femmes ont fondés et en particulier à celui d'une Américaine, Natalie Barney qui, à chaque fois que Colette publiait un nouveau livre, organisait de magnifiques célébrations pour fêter l'événement. Au soutien indéfectible qu'elle donna à Renée Vivien, à Djuna Barnes, à Romaine Brooks, à Gertrude Stein, qu'elle fut la première à faire connaître en France. Je pense itou à ce prix Renée Vivien que Natalie Barney créa pour honorer les femmes écrivains. Ce prix fut attribué dans les années vingt à une jeune auteure encore inconnue, Marguerite Yourcenar.

Je pense aussi au Woman's Salon de New York où Pol Pelletier à l'automne de 1979, créa LES VACHES DE NUIT dans une très belle traduction d'Yvonne Klein. Avec Hélène de Beauvoir, j'étais l'invitée spéciale de ce Salon littéraire dont Gloria Orenstein est la co-fondatrice. Je n'y suis pas arrivée seule, à ce Salon... Dans un élan d'amitié et de solidarité, d'autres femmes de ma collectivité québécoise vinrent fêter l'événement avec moi : c'était France Théoret, Madeleine Ouellette-Michalska, Gail Scott, Louise Cotnoir.

Là où le patriarcat nous castre, nous ridiculise, nous interdit d'images et de paroles, nous empêche de nous mettre en mouvement dans les espaces de l'imaginaire, une véritable critique féministe, et toutes les formes et les manifestations de solidarité, de reconnaissance nous aident à continuer notre voyage dans la création.

Quelques mois avant que Gloria ne revienne en Amérique, à travers une alchimie heureuse mais aussi quelquefois déchirante, cette amitié s'est transformée. Nous n'avions pas changé de chemin, simplement il était devenu trop petit : nous avions grandi et il fallait l'élargir. Mais ceci est une autre histoire...

J'ai rencontré Michelle Rossignol pour la première fois en octobre 1979 ; c'est une amie, Martine Landriault, qui m'a amenée chez elle. Pour moi, ce fut une rencontre émouvante, éblouissante. J'éprouvais pour Michelle, bien avant de la rencontrer, de l'estime et de l'admiration. C'est à la télévision que je la vis pour la première fois, où dans une œuvre de Germaine Guèvremont, elle jouait, encore presque adolescente, le beau personnage de la Manouche. Puis plus tard, dans le courant du temps, la valeur du théâtre québécois, de ses praticiennes, de ses praticiens, de ses auteurs, fut reconnue ; j'aimai le choix qu'elle fit en tant que femme, actrice, de jouer le moins souvent possible dans une langue dont la priorité me paraissait souvent être une avidité à s'épurer en se rétrécissant sur elle-même. À chaque fois que je revoyais Michelle Rossignol sur une scène, il me semblait qu'elle s'incarnait de plus en plus dans une langue qu'elle parlait sans filtre : une langue qui s'ouvrait sur nos émotions, une langue non aseptisée qui ne craignait pas de porter un message. En fait, quand j'ai rencontré Michelle, elle faisait déjà partie de ma mythologie !

C'est en décembre 79 que je lui remis la première version de LA SAGA : une version encore informe, avec des répétitions inutiles, des images entassées, des phrases dont la principale qualité n'était certes pas la clarté. D'ailleurs, avec beaucoup de tact et d'humour, elle n'hésita pas à me les signaler. Et le travail commença... Durant l'hiver nous nous sommes vues et revues souvent, surtout chez elle, autour de sa longue table, entre du bon vin, des tonnes de café, des fous rires, des passions communes — entre autres celle de la littérature policière, surtout américaine — des odeurs à faire saliver, du bon pain, des idées folles, des discussions pas toujours de tout repos à propos de LA SAGA, du féminisme, de nos peurs, de nos doutes et puis tellement, tellement d'énergies positives, de reconnaissance et d'amitié. Au printemps de 1980, Michelle me donna rendez-vous dans mes terres, quelque part en juin !

Et c'est ainsi que nous nous sommes retrouvées, pendant une semaine, au bord de la rivière Ouareau, le texte de LA SAGA ouvert devant nous. C'est une expérience que je n'oublierai pas ! Nous avons lu le texte mot à mot, Michelle m'interrogeant à l'endroit, à l'envers avec dans la bouche un bataillon de questions tellement pertinentes que souvent je perdais pied ou bien je me réfugiais dans quelque déclaration fracassante. Mais elle ne lâchait pas prise et me rattrapait ou bien me rejoignait là où je me trouvais. Clarifier, développer, dire avec plus de force ou de subtilité ou plus d'humour, intervertir l'ordre d'un tableau pour donner son véritable élan à la pièce, rendre ce qui était linéaire plus près du théâtre. Nourrir le texte avec ma propre vie, voilà ce qu'elle m'a demandé, jour après jour. Et jamais je ne me suis sentie menacée, ou censurée. Là où elle est intervenue et toujours avec clairvoyance, c'est uniquement dans la forme. Elle m'a donné la main pour que j'aille plus loin, que je sorte de la noirceur ce que j'avais omis et voulu oublier. Nous avons pris des notes, tracé des portraits de nos héroïnes. Michelle m'a dit d'où elle venait, et moi itou : nos mères, nos pères, notre enfance, notre peur de la misère et ça devenait large, large, ça me donnait de l'oxygène, du courage et le plus beau des désirs de récrire ce texte en le gavant de toutes les émotions de nos vies de femme et d'artiste.

Le soir, je me couchais à l'heure des poules dans un état qui tenait à la fois de l'épuisement et de l'exultation tellement ces journées passées ensemble, mettaient en branle tant et tant d'images, amenaient à la conscience des choses fulgurantes. Même la nuit, à travers mes rêves, je continuais à dialoguer avec Michelle. Je me souviens d'un rêve en particulier. Le matin, Michelle m'avait parlé de l'importance des créations québécoises, du rapport du metteur en scène avec le texte, de sa vision du théâtre, de la règle théâtrale, etc. La nuit suivante je rêvai que je chauffais mon poêle à bois et qu'en ouvrant un rond du poêle pour y mettre une bonne bûche je voyais dans les flammes ce qui me sembla être une règle. Sans penser un seul instant que je pouvais me brûler, je plongeai la main dans le feu pour en sortir cette règle. Qui l'avait mise là ? Je m'en doute un peu ! Ce dont je suis certaine c'est qu'avec Michelle j'ai vécu une transmission du savoir avec une femme de ma génération, de ma collectivité, de mon pays. Qu'elle m'a donné cette règle que dans mon rêve je sauvais du feu, parce que je ne voulais plus d'un rideau de fumée, ni d'une poignée de cendres.

Jovette Marchessault
décembre 80

Lettre à Michelle Rossignol

Chère, chère Michelle,

LA SAGA DES POULES MOUILLÉES est fondamentalement une pièce de théâtre sur la culture des femmes.

Par la culture des femmes, j'entends l'ensemble de notre production : production dans nos cuisines, nos salons, nos écoles, nos hôpitaux. Production à nos tables de travail : celles de l'accouchement, de l'usine, du bureau, ou celles de la création. Par la culture des femmes, j'entends aussi l'ensemble de nos visions, de nos énergies et notre mémoire.

J'ai imaginé cette rencontre où chacune des protagonistes de LA SAGA apporte sa mémoire, sa culture, son savoir, ses terreurs, ses blessures et aussi sa tendresse, sa lucidité, son courage, son expérience de vie qu'elle partage avec les autres, rompant l'isolement et renouant avec l'amitié et l'humour. Avec l'amour et la reconnaissance.

J'ai voulu que cette rencontre soit mythique! Mythique dans le sens qu'elle échappe au temps de l'Histoire, au réalisme. Dans le sens que je la sens légitime!

Si j'ai choisi ces quatre romancières québécoises c'est que d'une part elles ont marqué leur époque et que d'autre part elles furent et sont pour moi une source d'inspiration.

Laure Conan, une pionnière qui malgré les calomnies les plus ignobles et la censure de son temps, a persisté dans la voie qu'elle avait choisie. Laure Conan, hantée par le feu des brûleurs de livres, ces prédateurs de la création des femmes.

Germaine Guèvremont, malgré ses nombreux enfantements, ses tâches ménagères a, elle aussi, persisté dans la création. Elle nous a laissé une œuvre qui est ainsi qu'un mémorial des îles de Sorel, et de celles et de ceux qui en vécurent les saisons.

Gabrielle Roy, notre itinérante, notre nomade, celle qui a osé, la première, parler la langue des ouvrières, des ouvriers. C'est Gabrielle Roy qui a relié le Québec aux ethnies de la grande plaine de l'Ouest.

Anne Hébert : elle publiait à compte d'auteure en 1950, un recueil de nouvelles, LE TORRENT, qui allait secouer notre littérature. Trois années plus tard, elle publiait le texte magique, incantatoire du TOMBEAU DES ROIS. Anne Hébert, comme Laure Conan, fut « mal parlée » par la critique officielle de son temps.

Comme je te l'exprimais l'autre jour, Michelle, pour moi, écrire pour le théâtre c'est contribuer à détourner le réalisme, ce réalisme qui ne sert qu'à nous évacuer en nous empêchant de paroles et d'imaginaire. En écrivant ce texte, j'ai tenté de retrouver une langue oubliée pour célébrer la culture, la production des femmes. J'ai voulu aussi, contrer tout ce qui ne cesse, d'une génération à l'autre, de consommer en le dévalorisant, en le niant, en le rendant invisible, le travail des femmes.

En toute amitié et confiance, itou reconnaissance pour m'avoir incitée à préciser ma pensée.

Montréal, le 13 mars 1981

Née de l'hiver de 1938, dans un milieu ouvrier, ce n'est qu'après des années d'itinérance en terre d'Amérique qu'à trente-deux ans, autodidacte, Jovette Marchessault entreprend, à travers la peinture et l'écriture, une quête spirituelle. De 1970 à 1979, elle expose ses tableaux à travers le Québec et aussi à Toronto, New York, Paris et Bruxelles.

En 1975, elle a publié *Le Crachat solaire*, premier volume d'une trilogie romanesque intitulée *Comme une enfant de la terre*, qui lui mérite le prix France-Québec. En 1981 suivra *La Mère des herbes*, et en 1987 le dernier volet, *Des Cailloux blancs pour les forêts obscures*. Au théâtre, elle a fait jouer *Les Vaches de nuit* (monologue, 1978), *La Terre est trop courte, Violette Leduc* (1980), *Alice & Gertrude, Natalie & Renée et ce cher Ernest* (1983), *Anaïs dans la queue de la comète* (1985, Prix du Journal de Montréal) et *Demande de travail sur les nébuleuses* (1988, Grand prix littéraire de la ville de Sherbrooke. Après avoir remporté le Prix du Gouverneur général du Canada en 1990 avec *Le Voyage magnifique d'Emily Carr*, elle a publié *Le Lion de Bangor* (1993) et *Madame Blavatsky, spirite* (1998).

CRÉATION ET DISTRIBUTION

La saga des poules mouillées a été créée au Théâtre du Nouveau Monde le 24 avril 1981.

Mise en scène : Michelle Rossignol
Décor et éclairages : Louise Lemieux
Costumes et projections : Mérédith Caron
Bande sonore : Michel Noël

Par ordre d'entrée en scène :

Germaine Guèvremont	Amulette Garneau
Laure Conan	Charlotte Boisjoli
Anne Hébert	Andrée Lachapelle
Gabrielle Roy	Monique Mercure

TEMPS

Une nuit, sur la Terre promise de l'Amérique vers le nord, au cœur d'un vortex fabuleux, quatre femmes se donnent rendez-vous : elles se nomment Laure Conan, Germaine Guèvremont, Gabrielle Roy et Anne Hébert.

LES PROTAGONISTES

Laure Conan : l'Ancienne,
Germaine Guèvremont : la Paroissienne,
Gabrielle Roy : Petite corneille,
Anne Hébert : Tête nuageuse.

LA SAGA DES POULES MOUILLÉES

Premier tableau

L'ASSEMBLÉE DE SOMMEIL

On entend des cris d'oiseaux nocturnes, puis plus forts que les autres, des cris de corneilles qui s'éloignent, se rapprochent. Germaine est assise la tête dans ses mains. On entend un bruit de pas, quelqu'une qui marche d'un pas vif et décidé. C'est Laure Conan qui entre avec une grosse brassée de fleurs dans les bras.

GERMAINE
(se levant pour l'accueillir avec élan)
«C'est par les jardins que commencent les songes de la folie.»[*]

LAURE
La folie, ma paroissienne est à l'état de trace dans toutes nos vies.

GERMAINE
Tu avais le plus beau jardin du bas du fleuve, Laure Conan. Quand le soleil flambait là-dessus, en comparaison le reste du paysage semblait atteint de pâleur.

LAURE
Le jardin des herbes folles, des roses en pâmoison pour oiseau-mouche en délire! On s'embrasse, la paroissienne?

---

[*] Georges, Shehade. *Poésie*, Gallimard.

27

GERMAINE
(reculant un peu pour admirer Laure)

Je viens d'embrasser notre première vieille fille historique!

LAURE
(qui fait un bond dans les airs et se donne une bonne claque sur les fesses)

Ouais! Ouais! Tu te souviens, Germaine, tu te souviens Germaine Guèvremont de ce qu'ils disaient? Les rumeurs, les chuchotements, psssss, psssss, blablabla. *(Gueulant.)* Ils disaient que j'avais des moustaches!

GERMAINE

Et des touffes de poils grosses comme ça, dans le nez, les oreilles, pis entre les orteils.

LAURE

Une crinière sur le poitrail. Pis je pissais dru! *(Elle galope, hennissante.)*

Splendeur de mes poils tout noirs sur l'éclatante étendue de ma peau blanche.

GERMAINE

Peau rouge, l'ancienne! Ils disaient que tu étais une sauvagesse qui puait, qui mordait.

LAURE
(qui s'arrête)

Ce n'est pas tout: j'avais aussi une toison sur le ventre, sous les aisselles, à l'entre-cuisse, sur les mollets, à la chute des reins. Et le reste dans le cul! *(Elle fait un bout de galop.)* Les fabricants de pinceaux n'avaient qu'à se servir!

GERMAINE

Ils te haïssaient! Et quand la haine de ces gens-là s'abandonne à la fantaisie... *(Moqueuse, en baissant le ton.)* Ils disaient que tu sortais la nuit, déguisée en loup-garou.

LAURE
(à voix haute, ravie)

Pour semer l'épouvante et la terreur! On ne peut pas passer sa vie à semer des petites graines dans un potager, n'est-ce pas?

GERMAINE

Que tu faisais violence à des enfants, des maris, toutes sortes de pauvres innocents!

LAURE
(trépignante, piaffante)

Ça me prenait tous les soirs à minuit tapant. Croc, croc, croc, crac, crac, crac, lape, lape, lape! Les soirs où les arbres poussaient de travers dans la lune, c'était pire. *(Elle fait un bond dans les airs, galope, se met ensuite à quatre pattes, langue pendante, haletante.)* Que de bons souvenirs, la paroissienne. Ça me prenait comme ça, pis comme ça!

Elle repart dans son galop.

GERMAINE
(riant aux éclats)

Vas-y! Vas-y!

LAURE
(s'arrêtant essoufflée)

Quand ça me prend, quand ça me prend, quand ça me vient comme ça, pis comme ça, c'est bien simple, c'est comme le bourdon machinal de la prière, tu dis le premier mot et le reste vient tout seul.

29

Post-communion et post-scriptum, allez Germaine vient faire un bout de galop. *(Germaine résiste un peu.)* C'est le premier sabot qui est le plus difficile. Après, ça t'éclate dans le corps comme une fourmilière. Le geyser est en prière! La sève mystique coule à flots! Tu sens quelque chose?

GERMAINE
(essayant)
Post-communion et post-scriptum!

LAURE
Mais n'oublie pas de te gonfler la poitrine, pis les tempes. *(Elle se met à quatre pattes et Germaine l'imite.)* L'expression de tes yeux, un peu hagards. Ta bouche, Germaine! Prête à pomper le sang, la canine castrante avec son vieux rêve de taillader la peau humaine. Et surtout n'oublie pas tes armes!

GERMAINE
Quelles armes?

LAURE
Les piques! Des piques à enfoncer de préférence dans le tendre du corps.

GERMAINE
Ça me prend comme ça, pis comme ça!

LAURE
Post-communion et post-scriptum, te deum, te deum, te deum, tum tum.

GERMAINE
Ça y est! J'ai le désir fou de courir, Laure. De bondir, de battre de vitesse les prophètes dans leurs gros chars de feu.

LAURE

(galopant avec Germaine)

À partir de maintenant, nous volons dans les airs. Nous allons défoncer la devanture du jugement dernier, la paroissienne.

GERMAINE

Qui est responsable de ce monde, Laure Conan ?

LAURE

Quand on voit comment ça fonctionne, ça doit être un fameux cochon !

GERMAINE

(qui s'arrête)

Tu m'emmènes trop loin, l'ancienne.

LAURE

Je pousse l'air de la nuit devant moi. Je chasse par gelée nocturne, le givre. Je me suis élue ! Je me suis élue à l'unanimité.

GERMAINE

Laure, Laure, arrête-toi un peu.

LAURE

(qui s'est arrêtée)

Je suis là ! Il y a une grande nuit fraîche devant nous. Et des sources, et nos paroles, la paroissienne. Tu vois, en ce temps-là, le temps de ma jeunesse, j'étais fort occupée: le jour je m'occupais de mon jardin, je lui donnais à boire, rien que de l'eau du ciel, et les fleurs transformaient tout en couleurs violentes, en parfums. La nuit, je chassais l'humain... Évidemment, j'étais tellement occupée que je n'avais pas le temps d'écrire mes livres.

GERMAINE

Qu'est-ce que c'est que cette histoire?

LAURE

Les sous-produits de l'esprit de clocher disaient que c'était mon frère le notaire qui les écrivait, mes romans.

GERMAINE
(moqueuse)

Pas ton livre sur Maisonneuve quand même? Celui-là porte bien ta griffe!

LAURE

Même celui-là! Quand j'entendais ça, Germaine, quand je lisais ça, j'en avais des éblouissements de colère. Le goût de leur aboyer dans la face, de déchiqueter le bâillon, de le digérer et de le chier avec des métaphores, des paragraphes de trois cents pages, de la ponctuation en forme de pétards!

GERMAINE

Tu me fais du bien, l'ancienne.

LAURE

Même si je n'ai pas de moustache?

GERMAINE

Tu me fais du bien pour ce que tu as été, ton courage, cette grande solitude de femme qui écrivait ses livres malgré les rires gras, les calomnies fielleuses. Tu me donnes une transfusion de vie! (Elles s'étreignent pendant que l'éclairage change, que la brassée de fleurs de Laure s'illumine, devient presque phosphorescente.) Oh! regarde! Regarde ces fleurs!

LAURE

Merveille! Merveille! Ça se consume avec une lumière qui s'est échappée de je ne sais quel roman d'amour.

GERMAINE

Elles sont bleues, elles sont jaunes avec des reliefs d'insectes, des profondeurs de mollusques ou de choses ailées. Laure, il y a un animal qui dort là-dedans, n'est-ce pas?

LAURE

Oui, peut-être...

GERMAINE

Je l'entends qui boit l'air chaud du sommeil; s'il bâille je sais qu'il aura des étoiles dans la gueule.

LAURE

Ah! tu vas me raconter une histoire, la paroissienne.

GERMAINE
(qui prend la main de Laure)

Il était une fois, une femme qui ne dormait pas, qui ne dormait plus depuis si longtemps. Il était une femme qui buvait l'air glacé de l'insomnie. Elle n'écrivait plus. Elle n'enfantait plus rien. Une femme stérile qui passait son temps à lire les journaux. *(Elle prend une profonde respiration comme si elle allait suffoquer.)* En proie à l'information, je lisais tous les journaux de la province. Craignant de laisser passer quoi que ce soit, je lisais l'édition du matin, du midi, du soir. Je lisais. Pleine d'une attente, d'une terreur sans nom. Tout m'atteignait! Tout m'emportait encore plus loin dans l'insomnie.

LAURE

Pour l'amour du ciel, que lisais-tu ?

GERMAINE

Ça tenait à la fois de la mystification et du musée des horreurs ! Ah ! Laure, Laure, toutes les merveilles de la civilisation réunies exprès pour moi.

LAURE

Ça réconforte bien du monde, pourtant, les mauvaises nouvelles ! Lire ça chez soi, les pieds sur la bavette du poêle, en sirotant un petit café irlandais.

GERMAINE

Ce sentiment que j'ai eu toute ma vie, d'être là, immobile, en attente, pendant que tout circule autour de moi. Immobile, comme impotente ! Juste un petit glissement subreptice de mauvaises nouvelles dans mes oreilles, devant mes yeux.

LAURE

Reste l'objectivité, le recul... Non ?

GERMAINE

L'objectivité ou bien la muraille de Chine, pour moi c'est du pareil au même : quelque chose qu'on érige pour contenir le pire. Lire les journaux, lire d'anciens testaments... Tout t'échappe, tu n'hérites jamais de rien.

LAURE

Dans tes livres, la belle terre de Sorel ne se transmet que de père en fils. Mais pourquoi lisais-tu ces journaux de malheur, la paroissienne ?

GERMAINE

Parce que...

LAURE

Parce que... *(se voulant perspicace.)* Faut être un peu masochiste...

GERMAINE

Toi, tu peux parler!

LAURE

J'ai mon squelette dans le placard comme tout le monde. Allons, Germaine, dis-le-moi! La réponse doit être toute simple.

GERMAINE
(qui se décide)

Bon. C'est mon côté blette, fouineuse, je lisais tout, même les annonces classées, la météo, la colonne nécrologique! Tu ne peux pas savoir comme ça me fascinait, leurs commérages!

LAURE

Moi, tu vois, ce sont les livres d'histoire qui me font cet effet. Parce que comme pépérages, il est difficile de trouver mieux! Quand je voyais un livre d'histoire, j'entrais en transe. Le soir, après le souper, bien calée dans mes oreillers, le corps au chaud sous l'édredon, un crayon, un bout de papier à la portée de la main et hop là! je faisais le saut de la mort dans l'histoire.

GERMAINE

Mais un jour, Laure, je me suis hypnotisée sur les bas de pages des chiennes écrasées. Il y en avait partout dans le journal: des bouts de phrases, des morts horribles, anonymes. Je ne voyais plus que ça, je ne pouvais plus lire rien d'autre. Je crois que c'est ce jour-là que j'ai bu mon premier verre d'air glacé en mémoire des victimes, que je me suis intoxiquée à l'insomnie. Plus de repos, le vrai repos archaïque du sommeil... Quelquefois j'ai l'impression que je me trouve juste à la lisière du sommeil...

LAURE

Qui ressemble à une vieille citadelle creuse, pleine d'odeurs.

GERMAINE

Jadis j'ai dormi... quand j'étais dans le ventre de la lune...

LAURE

Bleu sur bleu, jaune sur jaune.

GERMAINE

Dans les grands fonds de la nuit mère, avec ses écailles, ses éponges, ses surfaces voluptueuses qui ne finiront jamais de grandir dans nos mémoires. Mais j'ai aussi dormi ailleurs, dans des nids d'herbes, au bout des branches des arbres de l'Amérique vers le nord, dans le feuillage des astres avec des écureuils volants, des perdrix.

LAURE

Moi, j'ai dormi avec des corneilles, dans d'immenses dortoirs de corneilles qui sentaient le blé d'Inde.

GERMAINE

Quand la nuit tombe, sur la terre promise, les bêtes de l'air se rassemblent, se ramassent, se prennent dans leurs pattes, leurs becs, culbutent des plumes. Je te prends dans mes ailes...

LAURE

Tu me couches dans ton nid.

GERMAINE

Le vent du souffle émet son dernier soupir diurne et les bêtes de l'air se donnent le repos.

LAURE

Des assemblées de sommeil! Ces bêtes sont inspirées!

GERMAINE

Elles savent. Mais moi je ne dors plus. Qui de nous dort vraiment?

LAURE

Tu serais mieux de te taire.

GERMAINE

Je ne suis pas ici pour me taire, l'ancienne. Sais-tu comment on dresse les faucons?

LAURE
(humant l'air)

Ça sent la torture!

GERMAINE

On dresse les faucons en les privant de sommeil. Puis on les aveugle avec une sorte de bonnet. Ça dure des temps et des temps, jusqu'à l'épuisement de la bête. Quand le faucon est épuisé, on imbibe des chiffons du sang des animaux qu'il doit tuer. Après sept, huit jours, la bête est soumise. Dressée!

LAURE

Moi, je préfère les corneilles.

GERMAINE
(bouleversée)

J'aime les faucons, Laure Conan.

« J'ai mon cœur au poing
Comme un faucon aveugle.
D'où vient que cet oiseau frémit
Et tourne vers le matin
Ses prunelles crevées ? »*

LAURE

J'ai envie de... j'ai envie de pleurer jusqu'au milieu de moi-même.

GERMAINE
(qui prend Laure sur ses genoux, la berce)

Je te comprends, je te comprends. La première fois que j'ai lu ce poème de Tête nuageuse, j'ai senti que je me desserrais, que je me sortais la mémoire d'un étui. J'ai pleuré en-dedans, tremblé en-dehors et ri par-dessus. Une femme me montrait le monde pour que je le comprenne un peu mieux, me mettait un cœur vivant dans la main.

LAURE

Il y a des femmes qui nous donnent des images en croissance de nos vies.

GERMAINE

Souvent la nuit, surtout quand toutes les étoiles de la voie lactée glissent en blancheur dans les rivières, je me berce, comme maintenant en pensant qu'il doit y avoir, partout sur la terre, des femmes en train de veiller aux fenêtres et de se souvenir qu'elles font partie du sommeil, de la fécondité, des montagnes, des arbres. Des femmes berçantes ! Je connais au moins cent femmes qui sont des forces, qui sont intactes sur le plan des forces.

---

* Anne Hébert.

LAURE

Et moi j'en connais mille! Qui toujours se relèvent de la jambette totale. Elles ont des yeux, des mots, des pages inédites. Elles nous tiennent la main dans la nuit.

GERMAINE

Et moi j'en connais encore une autre!

LAURE

Et moi j'en connais encore une autre!

GERMAINE

Elles viennent. Elles parcourent le temps ainsi que des sons de cloches dans les clochers des îles de Sorel.

LAURE

J'entends!

Deuxième tableau

LES PERCEUSES DE CIEL

Après le son des cloches, on entend le vent, puis le bruit d'une chute d'eau. On voit apparaître Tête nuageuse qui glisse du ciel. Elle s'arrête sur ce qui pourrait être un palier, assez haut dans les airs. Elle regarde vers le haut, s'impatientant visiblement.

ANNE

Petite corneille! Petite corneille! Qu'est-ce que tu fais? Qu'est-ce que tu regardes?

GABRIELLE
(qui chuchote)

Je regarde les nuages.

ANNE
(qui se fait pressante)

Je t'attends!

GABRIELLE

Si tu savais ce que je vois...

ANNE

Quoi? Qui?

GABRIELLE

Après les nuages, il y a... Est-ce possible? Il y a des anges, des anges qui se multiplient. *(Toujours chuchotante.)* Oh... Oh... les anges descendent, Tête nuageuse!

41

ANNE

Mais la terre est le lieu favori de la descente des anges.

GABRIELLE

Chuttttt! Elles parlent.

ANNE

Qui?

GABRIELLE

Les anges! Non, je dirais plutôt qu'elles chantent. Chutttttt! C'est à peine audible. Attends, elles se rapprochent. Elles chantent plusieurs langues à la fois.

ANNE

Mais je n'entends rien!

GABRIELLE

Rappelle-toi, à l'heure de la rosée du soir, dans les nuits de printemps de l'Amérique vers le nord, dans les étangs parfumés, les lacs, les rivières, les fossés aux grandes herbes, les mares d'eau, dans le mouvement invisible de la nuit qui tombe...

ANNE

C'est comme si j'y étais, Petite corneille. Quand la grande âme des arbres s'enroule comme une couleuvre aux pieds de l'étoile de Vénus...

GABRIELLE

Et alors tu entends le chœur ininterrompu des reinettes!

ANNE

J'entends! J'entends! Elles sont dans l'immense...

On commence à entendre ce chant des grenouilles
qui va tantôt s'enflant, tantôt diminuant, s'arrêtant
puis reprenant de plus en plus puissant, rythmé.

GABRIELLE

Oui! Oui!

ANNE

Dans le croissant de lune, dans la nudité terrible
du cœur. Dans la plénitude qui fait le son.

GABRIELLE

Ça me donne la fièvre... J'aurai vécu pour entendre cela. *(Gros soupir.)* Maintenant, je peux mourir.

ANNE

Petite corneille, je t'en prie! Il ne s'agit pas de
mourir mais de descendre de ton perchoir!
D'ailleurs on ne meurt pas d'entendre chanter les
anges. Le chant des reinettes en est une variété mais
il y en a d'autres, tant d'autres... Des chants qui sont
comme une extase de paradis, des chants qui sont
comme une brûlure. Des chants d'avant le déluge!

GABRIELLE

Qui les chante?

ANNE

Tout ce qui peut chanter avec le tendre du cœur,
le velours de la gorge, le souffle du charnel, la force
de la souvenance.

GABRIELLE

Dire que j'écoutais tout d'une oreille profane.
D'une oreille que je qualifierais d'iconoclaste.
Une fois, quand j'avais quatre ans...

ANNE

Si tu ne descends pas immédiatement...

GABRIELLE

Tu vas monter me chercher. Mais tu ne peux pas,
Tête nuageuse. Tout ça est tellement glissant que tu
vas te casser la fiuze!

ANNE

Alors, descends! Descends, je t'en prie. Nous
sommes attendues.

GABRIELLE

Chutttttttt.

ANNE

Bon, qu'entends-tu cette fois?

GABRIELLE

Chutttttt... je parle à ma peur. On dirait qu'elle
fait la sourde oreille! Peut-être n'entend-elle plus le
français moderne?

ANNE

Si tu lui parlais à voix haute aussi! Tu chuchotes
tout le temps sur ton perchoir.

GABRIELLE

Et si tu lui parlais, toi, Tête nuageuse.

ANNE

Moi? Mais avec quelle voix?

GABRIELLE

En tout cas, pas ta voix de tête.

ANNE

Pourquoi?

GABRIELLE

Parce que cette voix-là me fait peur. C'est presque la voix de la folie.

ANNE

Bah! J'ai mes petits moments de tension, d'hystérie osseuse.

GABRIELLE

Ouais! Ouais! Le roseau pensant qui aurait trop lu Pascal! Ce que je préfère, c'est ta voix nostalgique, Tête nuageuse. Elle me fait fondre, tellement j'y entends de tendresse souriante! Essaie! Oui, essaie!

ANNE

«Ô beaux yeux bruns, ô regards détournés
ô chauds soupirs, ô larmes répandues,
ô noires nuits vainement attendues,
ô tristes plaints, ô désirs obstinés,
ô temps perdu, ô peines dépendues,
ô pires maux contre moi destinés!
tant de flambeaux pour ardre une femelle!»

GABRIELLE

«Pour ardre une femelle»?

ANNE

Brûler, «ô beaux yeux bruns»!

GABRIELLE

Qui donc parle par ta bouche, «ô pires maux contre moi destinés!»?

ANNE

Louise Labé.

GABRIELLE

J'aime ça, j'aime beaucoup ça. Mais c'est un peu triste.

ANNE

«Chantons de la liberté des Dames
Car la liberté des Dames
C'est la plus belle clarté
Qui puysse luyre en leurs Âmes.»

GABRIELLE

Ahhhhhhhhhh... Globule d'or! Je dis globule d'or, musique d'étoiles, qui est l'auteure de cette merveille?

ANNE

Catherine Des Roches, fille unique de Madeleine Des Roches. Féministes du seizième siècle... Et ouvertement, visiblement, joyeusement, immortellement! On dit que Catherine aima sa mère plus que tout au monde!

GABRIELLE

Elles ne se quittèrent jamais?

ANNE

Catherine refusa de se marier pour ne pas quitter sa mère.

GABRIELLE

Mais un jour l'une meurt et l'autre...

ANNE

Catherine et Madeleine moururent le même jour, à quelques heures d'intervalle.

GABRIELLE

Elles se choisirent, s'aimèrent librement. Mon rêve! La liberté contient l'amour, n'est-ce pas? Ou est-ce l'amour qui contient la liberté?

ANNE

Ils peuvent contenir tout ce qu'on veut y mettre.

GABRIELLE

Ta mémoire m'est précieuse. Je suis en train de ressusciter, de me souder à la vie avec toutes mes ventouses.

ANNE

Si je comprends, tu vas descendre?

GABRIELLE

Je descends!

ANNE

Enfin!

GABRIELLE

Étrange...

ANNE

Quoi?

GABRIELLE

Rien, presque rien. Je ressens comme une détente dans le ventre... pis une petite succion. Quelque chose de très subtil.

ANNE

Étrange? Subtil? Succion? Détente?

GABRIELLE

Mais oui, mais oui... j'ai mes règles! *(Elle apparaît la tête en bas.)* Je te jure, avoir ses règles la tête en bas!

ANNE

Enfin te voilà !

GABRIELLE

Il y a comme ça des naissances difficiles. Tout à l'heure, juste avant que j'atteigne mon perchoir, la porte, **leur porte**, s'est presque refermée sur mes mains !

ANNE

Tu aurais pu avoir les mains tranchées !

GABRIELLE

Petite corneille, la romancière sans mains...

Elle chancelle et Tête nuageuse la retient.

ANNE

Petite corneille !

GABRIELLE

Un petit étourdissement... Tête nuageuse, je souffre d'amnésie, je ne sais plus comment marcher. Je ne sais plus !

ANNE

«Ô beaux yeux bruns», ça ne s'oublie pas, il me semble ?

GABRIELLE

Nuance, je t'en prie !

ANNE

J'écoute tes nuances.

GABRIELLE

Marcher pour marcher, bien sûr, ça ne s'oublie pas. Mais marcher pour avancer, ça c'est une autre paire de manches.

ANNE

Où veux-tu en venir?

GABRIELLE

Te souviens-tu des jeux chéris de notre enfance **heureuse**, ô Tête nuageuse?

ANNE

Lesquels?

GABRIELLE

Prenons le plus exemplaire : la corde à danser.

Elle regarde derrière elle.

ANNE

Que regardes-tu derrière?

GABRIELLE

Le chemin que j'ai parcouru en dansant à la corde. C'est fou mais je crois bien que je suis restée sur place! Pourtant, je les égarais toutes! Des fois, même, je les enterrais. Rien à faire, le lendemain il y avait une âme pieuse qui en ressuscitait une. Un archéologue zélé pour en déterrer une autre! J'ai reçu au moins deux cents cordes à danser. Et toi?

ANNE

J'en ai perdu tout autant! Mais nous sommes ailleurs maintenant, Petite corneille.

GABRIELLE

Moi, je ne bouge pas d'ici avant d'avoir déposé une plainte!

ANNE

Une plainte?

GABRIELLE

Une plainte, pas une lamentation!

ANNE

Contre ceux qui t'ont donné toutes ces cordes à danser?

GABRIELLE

C'est fait depuis longtemps. Non! Contre ceux qui ont fabriqué cette porte à couper les mains. Ça doit venir du même brevet d'invention que la guillotine. Tu choisis ta castration, verticale ou horizontale? Eh! là-haut? Eh! là-haut? Pas de réponse, évidemment! Ils s'abstiennent de répondre aux inconnues, en général. Ou quand ils te répondent, c'est pour te dire que ce n'est pas de leur ressort. Of course, tous les ressorts sont dans la porte! Eh! là-haut? Eh! là-haut? *(Hurlante.)* Toujours dans la chiotte du palais de justice? Dans le bécosse de votre savoir? En train de vous mettre une tonne de cire Simonize dans les oreilles pour moins entendre? Êtes-vous aveugles?

ANNE

Sourds!

GABRIELLE

Les trois: sourds, aveugles et aphones!

ANNE

Bravo!

GABRIELLE

Les cinq: muets et incompétents. Je vous enverrai une mise en demeure! Je vous ferai un de ces procès... je suis peut-être de la plaine, le pays des poules d'eau, mais mon avocate, elle, elle est de la Beauce! Alors vous n'êtes pas sortis du bois!

ANNE
(tirant Petite corneille)
On s'en va maintenant. En route, en route...

GABRIELLE
Vers les montagnes couronnées de plumes?

ANNE
(L'éclairage change)
Quelle beauté, Gabrielle. Je me sens comme un oiseau habitué à marcher.

GABRIELLE
Je me sens comme un oiseau qui va chanter, Anne Hébert!

Troisième tableau

LA PEAU DE LA GRANDE OURSONNE

GERMAINE
(exultante)
Laure, les voilà! Les voilà! C'est peut-être le plus beau moment de ma vie.

LAURE
Il y en aura d'autres, la paroissienne. Salut, les voyageuses!

ANNE
Salut d'amitié à toi Germaine, à toi Laure.

GABRIELLE
Nos hommages respectueux, femmes des ailleurs!

LAURE
(à Petite corneille)
Sur mon cœur, oiseau de malheur!

GERMAINE
Je suis si contente. Et ce voyage?

LAURE
Vous avez tardé!

GABRIELLE
Quel voyage! Quelle longueur rigide, savamment bandée de purgatoires, de limbes, de morgues.

Un immense phénomène érectant ses rayons noèrs !
J'avais mon voyage.

ANNE

Mais plus nous nous rapprochions de votre montagne, plus l'air s'éclaircissait. Le brouillard s'est levé
là-haut, à la dernière étape. *(Ironique.)* Petite corneille
a même entendu chanter les anges.

GERMAINE

C'est plein d'anges dans les parages.

LAURE

J'aurais dû mettre ça dans mon livre sur Maisonneuve.

GERMAINE

Entre autres choses.

GABRIELLE

Ce que ça sent bon ! *(Elle fait un bond, un peu
comme Laure et se frappe la poitrine.)* J'ai une faim de
louve ! D'élan d'Amérique, de Grande Oursonne.

LAURE

Que tes paroles sont douces à mon oreille poilue.

GABRIELLE

Oreille poilue ? Montre-moi ça !

GERMAINE

C'est le mot de passe ! Tu dis : poils, et l'ancienne
monte jusqu'aux étoiles. Une belle histoire de poils et
de constellations !

GABRIELLE

En parlant d'histoire de poils... Pendant une
courte période de ma vie, le mot de passe fut : prix

Fémina! Tous les jours je lisais dans les journaux parisiens que j'étais le poulain d'un tel, le poney d'un autre. Que j'avais pris un bon départ... je battais tout le monde d'une longueur de nez. De outsider j'étais en train de devenir le crack dans l'écurie... que dis-je, dans le haras du prix Fémina! Ruade, saccade et ébrouement, j'écrivais une page d'histoire dans le stud-book des bookmakerssss... Je suis allée chercher mon prix dans mon manteau de rat musqué qui, après huit ans de service dans les transports en commun, ressemblait à s'y méprendre à un rat d'égout. Quand je suis entrée, pétarade et piaffement, je les ai entendus murmurer tout bas : Ahhhhhh... elle a mis son vison du Canada!

ANNE

En tout cas, ici je me sens bien, je me sens chez moi. Je vous regarde, et je pressens tant de lueurs, comme si Laure avait ramené des étoiles au bout de ses soies sensorielles.

GABRIELLE

La faim m'excite le dedans. (*À Tête nuageuse.*) Et toi, mystère ambulant?

ANNE

Oh! moi, une biscotte, un peu de bouillon.

LAURE

Et voici de la tarte aux légumes : brocoli, asperges, carottes gratinées.

GERMAINE

Et voici un potage aux poireaux, cerfeuil et choufleur. Laure a fait une fournée de pains!

LAURE

Et voici du beurre doux, du fromage de chèvre, de vache.

GERMAINE
(qui amène des verres, des bouteilles)
Du vin de bleuet, de l'alcool de bebittes!

ANNE

Le gueuleton!

GABRIELLE

Je bave sur le plancher des vaches.

ANNE

Je prendrais bien un verre de lait.

GABRIELLE

Le snack intégral! La perversion totale dans la grande descente qui mène à mon estomac poétique.

GERMAINE
(qui hume)
C'est vrai que ça sent bon!

GABRIELLE

Humer! Humer encore et toujours! Instant de pure jouissance. Ah! femmes des ailleurs, cette levée des vapeurs dans une cuisine... À chaque fois, j'ai l'impression que j'aborde ma genèse. Que je jouis enfin de moi-même! Ça m'excite, ça me transporte... Saveurs salivantes, couleurs nourrissantes, palpitations des papilles, des artères, ma salive copule avec la vie. Ça me ramène quelques années en arrière.

ANNE

Au banquet du prix Fémina?

GABRIELLE

Bien avant ça! Tenez, j'ai fait mon premier repas complet à cinq jours.

LAURE

Tu étais précoce!

ANNE

Cinq jours avant ou après ta naissance?

GERMAINE

Quand même!

GABRIELLE

Mais avant ma naissance, voyons! En plein cœur de ma phase embryonnaire, vers la fin de ma période branchiale. Ah! le corps nourricier de ma mère... Un jour, je le célébrerai avec de grands noms. Faut dire que ma mère était une maudite belle pièce de viande!

ANNE

Tu parles comme une cannibale, Petite corneille!

GERMAINE

Elle parle comme une voluptueuse.

GABRIELLE

Je m'en pourlèche encore les babines. C'était chaud, tendre, bien irrigué, sans nerfs, sans couenne, sans nœuds, la meilleure partie, bien saignante.

ANNE
(choquée)

Petite corneille!

GABRIELLE

Le premier objet alimentaire de ta vie, tu ne peux pas oublier ça!

LAURE

Tu y vas fort!

GERMAINE

Peut-être que notre cœur vit encore là-dedans, en secret.

LAURE

Pas le mien!

ANNE

Ni le mien!

GABRIELLE

Je vous mangerais, comme je mange ma tarte aux légumes. *(Elle mange.)* Que c'est bon! Je mangerais toutes les mères de la terre, pis les grand-mères itou pour m'incorporer toutes leurs forces.

GERMAINE
(qui lève son verre)

Je bois à nos retrouvailles. *(À Petite corneille.)* Tu es complètement déchaînée ce soir?

ANNE

Elle traverse sa période faste.

LAURE

Ça me rappelle l'appétit sanglant des martyrs, pis des mystiques.

LES AUTRES
(toutes ensemble)

Comme dans ton livre sur Maisonneuve!

GERMAINE

Moi je la trouve magnifique, inspirée et...

ANNE

Menstruée!

LAURE

(un peu malgré elle)

Ah! moi aussi j'ai... les Anglais sont débarqués!

GABRIELLE

Danse avec moi, Laure Conan!

LAURE

J'ai trop mal aux jambes.

GERMAINE

Toi, l'ancienne? Mais il n'y a pas dix minutes tu ruais, tu courais.

GABRIELLE

C'est vrai?

LAURE

C'est vrai. Mais...

GABRIELLE

Mais?

LAURE

C'est idiot.

GABRIELLE

Tu es embarrassée? Gênée? Honteuse?

LAURE

Tout à la fois! Quand ça démarre, je suis à l'état de fauve. Mais après, j'ai mal aux reins, aux jambes.

GABRIELLE

Viens quand même danser avec moi. *(Elle l'entraîne.)* Attention, attention, nous sommes radioactives!

GERMAINE

Elles sont radioactives!

ANNE

Les compteurs Geiger valsent déjà.

LAURE
(qui entre dans le jeu)

J'ai mes forces, j'ai mes lunes et mes marées.

GABRIELLE

Lumière verte de nos ovaires, lumière rouge du sang de velours, canicule.

LAURE

Lumière jaune, la clarté se pavane dans l'amour, our, our, our

GABRIELLE
(imitant Laure dans son chant de louve)

Our, our, our. Et vous deux?

GERMAINE
(piteuse)

Rien. Mais je suis pleine d'espérance... Je pressens quelques remous...

LAURE

Un long tressaillement?

GERMAINE
(qui vide son verre)
Dans le creux du nombril, j'ai des soupirs de
vestale qui se prépare un de ces carnavals!

GABRIELLE
Alors, rien n'est perdu. Et toi, Tête nuageuse? Tu
devrais faire un petit effort!

ANNE
L'effort de l'écriture me suffit. Que le reste
vienne tout naturellement.

GABRIELLE
Mange un peu! Bois un peu! Femmes aux bis-
cottes!
Elle verse du vin à Tête nuageuse.

ANNE
Je bois à tout ce qui plane ici: au chœur des
grenouilles, aux oiseaux de passage, à cette nuit de
solidarité.

LAURE
Et de vérité!

GERMAINE
Je bois à nos différences!

GABRIELLE
Je bois aux marmites, aux vapeurs.

LAURE
Aux jus, aux herbes, aux vivantes. Je bois à nos
salives.

ANNE

Je bois à ce que je vois dans vos yeux, femmes de mon cœur.

GERMAINE

Qu'y vois-tu?

ANNE

Quelque chose d'un temps sauvage passe par là. Et je lève mon verre au vent de toute beauté qui souffle ici cette nuit. Il me fait me souvenir de tant et tant de choses...c'est comme si j'étais «plantée en mon plein vol*». Si je me retourne, c'est à perte de nuages.

GABRIELLE

Si je me retourne, je retrouve la mémoire!

LAURE

Oh! Raconte-nous, Petite corneille.

GABRIELLE

L'ancienne dit: «Raconte»... et elle s'incarne dans ce mot. «Raconte», dit-elle, et toute la mémoire des créatures que j'ai enfantées sur mes tables de travail me remonte dans la gorge. J'ai à peine traversé la plaine et sa zone de vent, sa lune échevelée que je suis déjà en haut de la vieille butte Saint-Henri, que je serre Rose-Anna pis Florentine sur mon cœur. Tiens, tiens, mais c'est Marie-Didace, la Phonsine, qui nous font signe là-bas dans le silence d'une allée de peupliers! Elles viennent vers nous en se serrant les coudes dans le printemps de la terre. Elles surgissent comme si elles vivaient, et nous emportent comme un torrent qu'on descendrait en profondeur en suivant le fil de nos rêveries. Viens Angéline, Angéline de Mont-

---

* Anne Hébert.

brun, qui cache ton visage dans trop de larmes, viens avec nous, le temps de l'imaginaire est inchangé, entre le fleuve et la mer. Tu souris, Germaine Guèvremont?

GERMAINE
Je ressens comme une tendresse insensée qui me rend heureuse. Heureuse!

LAURE
Je ressens quelque chose de semblable... On est là à se communiquer des choses de nos vies...

ANNE
Nous vivons une syncope par rapport au temps.

LAURE
Quel temps?

ANNE
L'autre! Celui où la plupart du temps nous ignorons ce que nous faisons jusqu'au moment où il est trop tard pour y rien changer. Elle raconte, tu racontes, je raconte... Que mon amour pour vous doit avoir été formé avant que le monde n'existe! Que je vois errer des enfants dans les yeux de la paroissienne! Que je vois passer des anges dans les yeux de Petite corneille. Que Laure Conan en sait plus que nous sur les cavaliers de l'apocalypse.

GABRIELLE
Et moi je raconterai encore que tu es la mémoire des femmes!

ANNE
«Vous me direz que je veux vivre éternellement. Point du tout, mais si on m'avait demandé mon avis, j'aurois bien aimé à mourir entre les bras de ma

nourrice: cela m'auroit ôté bien des ennuis et m'auroit donné le ciel bien sûrement et bien aisément».

GERMAINE

C'est une lettre de Madame de Sévigné à sa fille, n'est-ce pas?

LAURE

Tête nuageuse, veuillez rencontrer la paroissienne, une autre mémoire!

ANNE

Cognation! Cognatique!

LAURE

Cognation?

GABRIELLE

C'est un mot de passe?

LAURE

On dirait que ça me résonne dans la souvenance?

GERMAINE

Ça nous dit quelque chose de nous, il me semble?

ANNE

Oui, la paroissienne. Ça signifie la parenté par les femmes.

LAURE

Génial!

GABRIELLE

Lumineux!

GERMAINE
Cette parenté repose-t-elle sur la consanguinité?

ANNE
Oui. Spécialement par les femmes.

GABRIELLE
En somme, c'est l'héritage génétique invisible... *(Elle prend une miche de pain, qu'elle rompt en la soulevant au-dessus de sa tête.)* Prenez et mangez, ceci est mon corps!

Elle tend l'autre morceau à Germaine, mais d'un bond, Laure empêche l'échange.

LAURE
Petite corneille, tu exagères dans le sacrilège!

GERMAINE
Tu vas peut-être trop loin.

LAURE
Tu m'exaspères. Tu me fais peur!

GABRIELLE
Mais Très-Révérende mère supérieure, ceci n'est-il pas votre pain, votre sueur, vos mains en mission d'amour, d'énergies dans la farine et le levain. Qui fait le pain, sur la terre promise? Depuis des siècles et des siècles, du grand nord au grand sud, depuis les premières lueurs de l'aube, qui donc se penche sur la nourriture, qui donc converse avec le feu dans le four?

GERMAINE
Les femmes, les mères...

LAURE

Je ne le nie pas! Mais de là à parodier une sainte cérémonie, celle de la sainte table.

GABRIELLE

Mais pour moi, elle n'est pas sainte! Tout au plus scandaleuse et vampirique! Oui! Nécrophile en plus!

GERMAINE

C'est vrai que la **sainte** table, c'est nous qui la mettons.

LAURE

Je ne le prends pas! Non! Non! Non!

GABRIELLE

Fiat! Fiat! Fiat!

GERMAINE
(fataliste)

On vient d'atteindre un point de non-retour!

LAURE

Non! Non! Non!

GABRIELLE

Fiat et marde! J'ai deux mains, l'ancienne, et avec ces deux mains-là, je touche à toutte. À nous toutes! Dans ce pain-là! Que je mange, que je digère. Salut à vous mes mères pâtissières, mes mères du gâteau des anges, de la manne dans le désert, du blé dans les plaines de la pleine lune. Je vous romps vivantes, mes mères timides, mes mères effacées de la carte géographique de l'Histoire! Mères des toundras, mères des îles flottantes, mère des enfants de la terre, je vous intègre et je vous avale car ceci est votre corps, celui de Laure, de Germaine, d'Anne et de Gabrielle. Amen!

GERMAINE

L'ancienne, je t'avoue que je suis ébranlée.

LAURE

Alors tu as l'ébranlement facile, la paroissienne. Moi je suis choquée. Outrée! Et toi, Tête nuageuse, avec ton air cosmopolite de madone des sleepings dans le trans-sibérien-express-d'Agatha Christie.

ANNE

C'était l'Orient-express, ma chère Miss Marple.

LAURE

Vous n'avez rien compris! Petite corneille est en train d'assassiner...

ANNE

La liturgie! La religion! Ne t'inquiète pas l'ancienne, la liturgie et la religion, c'est comme le fédéralisme: toujours renouvelé!

GABRIELLE

Mais c'est pas toutte! Pendant qu'on est à genoux dans leurs mosquées, leurs ashrams, leurs basiliques à miracles, leurs sanctuaires à lampadaires, leurs chapelles à chapelets et autres bécosses décorées pour leurs saints-sièges, je te ferai remarquer que pendant ce temps-là on ne marche pas sur le parlement, on ne se baigne pas à l'O.N.U., on ne s'infiltre pas à la Maison-Blanche, au Kremlin. On ne prend pas d'assaut l'Élysée, les palais de Pékin ou de Tokyo, ni l'hôtel de ville de Jérusalem, on ne siège pas au conseil municipal. On n'est même pas à Rome, dans le saint des saints. Non. On est ailleurs, dans le noer de la grande noerceur, en train de se pétrir la culpabilité, les deux pieds dans le bénitier en tétant des hosties. Maudit!

LAURE
(dans un cri du cœur)
Je meurs de peur!

ANNE
Rendez-vous à l'évidence. Ce n'est pas tous les jours qu'on rend un tel hommage à celles qui font la cuisine, à celles qui font le pain. *(À Laure.)* Ou préfères-tu la tombe de la boulangère inconnue?

GABRIELLE
Je n'ai pas terminé, l'ancienne! Des waitress de **sainte table**, des hôtesses de l'ère du grand pacha-ténor, des entreteneuses anonymes du feu sacré de la cuisine, j'en ai trop rencontré, regardé. J'ai tellement pleuré! Toutes à leurs besognes:

«Elles sèment le grain à poignée, au
printemps. Elles sarclent et arrosent
le jardin, l'été. Elles sont si souvent
penchées sur la terre brune que rarement
les voit-on se redresser tout à fait».
«Elles...»

GERMAINE
(à Petite corneille)
Fragile lumière, de mon espérance, je sais tes pages par cœur:

«Elles élèvent une famille nombreuse.
Elles portent leurs enfants
pendant les semences, pendant les la-
bours,
à la fenaison, dans les lourdes chaleurs des
récoltes;
souvent elles donnent le jour aux champs
entre deux besognes pressantes...»

ANNE

«Elles vont quelquefois à la ville, à pied, avec de gros paniers de légumes aux bras. Elles en reviennent, la main serrée sous leurs châles et ne la desserrent au retour, que pour laisser tomber dans celle du maître jusqu'au dernier sou de leurs recettes».[*]

LAURE

Je suis anéantie!

GERMAINE

Un peu de potage, l'ancienne! Une bonne gorgée d'alcool de bebittes et tu vas te sentir d'attaque. *(Elle lui donne une cuillerée de potage, lui verse à boire et l'aide à avaler. Laure se laisse faire.)* Ça va t'aider à faire descendre les évidences de Gabrielle!

GABRIELLE
(qui élève encore le pain dans les airs)

Je vous salue toutes les femmes pleines de sel sous les porches des cathédrales d'algues! Salut à vous, les femmes immaculées sur les banquises de la voie lactée! Les femmes d'étoiles en or, les survivantes de la constellation du coup de foudre! Et je vous dis qu'ils se sont emparés de la peau de la Grande Ourse, la première mère du ciel.

ANNE

Nous n'avons certes pas inventé le sacrifice de la messe!

GABRIELLE

Ni le péché originel, ni la crucifixion, ni les tables jack-pot de la loi, le massacre des innocents, le juge-

---

[*] Gabrielle Roy, *Fragiles lumières de la terre*, Quinze, 1978.

ment dernier. Ni les limbes-enfer-purgatoire de la trinité des trois angles tordus!

LAURE

Ni les cavaliers de l'apocalypse, ni les bébelles en or ostensoir, ciboire... calice!

LES TROIS
(en chœur)

Laure!

LAURE

C'est bien moi, celle qui a vécu dans le désert, le masochisme sur le trottoir. Toute l'Histoire m'est passée dessus !... Mais il me semble, que depuis quelques minutes je suis en face de la tâche de comprendre.

GERMAINE

Moi aussi, l'ancienne!

LAURE

Mais j'ai peur! J'ai tellement peur. Pis en même temps je suis pleine de colère, de regrets. J'aurais dû me battre autrement, ailleurs. Vos paroles viennent de m'immerger dans un espace que je ne soupçonnais plus... qui ressemble à...

GERMAINE

Peut-être bien qu'on est en train de se retrouver dans le beau magma maternel où jadis nous avons flotté au bout du cordon ombilical de notre premier amour passionné, exclusif, inoubliable. Peut-être qu'on touche enfin, avec nos lèvres, avec nos mots, toutes les anciennes saisons du corps dans ses robes de peau, de poils, de plumes et d'écailles. Peut-être aussi que nous sommes en train de nous remettre au monde, parmi les autres!

ANNE

Moi je dis que vous parlez ainsi que des anges sauvages qui s'avanceraient dans le vif du large en pleine voilure d'ailes! De flèches, de feux et de larmes, la première page de notre histoire roule avec l'univers. *(Elle donne à chacune un pain.)* Ceci est la matière même de nos vies! «

> Je crois à la solitude rompue comme
> du pain par la poésie».*

GERMAINE

Le pain historique! Le pain de la création: faire du pain, des enfants, des pages d'écriture...

LAURE

Faire des images, des personnages. Le pain du remue-ménage!

GERMAINE
(imitant Petite corneille)

J'ai une faim de louve, de Grande Oursonne! Laure, je prendrais bien encore de la tarte, un grand verre d'alcool de bebittes. La tarte est-elle chaude?

LAURE

Comme l'enfer! *(Elle verse à boire, donne à manger.)* Si on m'avait dit... si j'avais pu prévoir tout ça à l'aube, pendant que Germaine se berçait et que je pétrissais ma pâte. Mais je ne suis pas encore rassurée. Il faut que je le dise.

ANNE

Dis-le, l'ancienne!

---

* Anne Hébert.

LAURE

Quand Petite corneille a élevé le pain au-dessus de sa tête...

GERMAINE
(à Laure)

Toi aussi?

LAURE

Moi aussi quoi? Toi aussi?

GERMAINE

Moi aussi. Oui!

GABRIELLE

Vous m'étourdissez!

LAURE

Je l'ai vu! (À Germaine) Tu l'as vu?

GERMAINE

Comme une ombre...

LAURE

J'ai tellement peur des spectres!

GERMAINE

Qui flottait... Grise... non, blanche!

LAURE

Blanc sale.

GABRIELLE

Qu'en penses-tu, Tête nuageuse?

ANNE

De vieux résidus psychiques.

GABRIELLE

Ou bien le saint esprit, langue pendante, plumes ébouriffées en train de méditer une petite descente.

LAURE

C'est pas lui!

GERMAINE

Nous avions vu l'ombre du fils.

ANNE

Celui du père?

GABRIELLE

Il n'a jamais été le fils de la mère, que je sache!

LAURE

Ça, c'est vrai! Il fut le fils du père, le père d'Adam, le frère d'Abel, le cousin de Noé, l'oncle d'Abraham-des-plaines, le beau-fils de Jérémiade, l'arrière petit-fils de Salomon-le-jugement, le concubin céleste, l'éternel fiancé des bonnes sœurs des couvents, la sainte vigie qui nous préserve des orgies! On dirait que je reprends du poil de la bête! *(Elle fait un petit tour de piste.)* Te deum, te deum, te deum.

GERMAINE

Dum! Dum! Post-communion et post-scriptum.

ANNE ET GABRIELLE
(encourageant Laure et Germaine qui sont en piste)
Te deum, te deum, te deum, dum, dum!

LAURE

Ça me met en appétit! *(Elle prend une bouchée.)* Maintenant je suis persuadée que le geste de Petite corneille est un geste de reconnaissance! Mais à force de vivre dans le cauchemar...

74

GERMAINE

Dans l'insomnie.

ANNE

Mais en même temps ce geste est terrible parce qu'il revendique un héritage.

GERMAINE

Elle revendique un droit de propriétaire! Plus encore, elle réclame toutes les royautés pis les privilèges qui vont avec. *(À Laure.)* Toi, la spécialiste de l'Histoire.

LAURE

Ce qui signifie... *(Elle calcule.)* Quelque chose comme dix mille ans d'arrérages!

GABRIELLE

(sentencieuse)

En vérité, en vérité, je vous le dis, quand j'ai fait ce geste, je savais à peine ce que je faisais. Je vivais une sorte d'apothéose nourricière, l'Eden du vrai snack, s'ajoutant à la grande dynamo de mes eaux rouges, je me suis retrouvée dans l'envol d'une parole iconoclaste qui me bouleverse, moi-même, l'épigastre!

ANNE

Quand tu as fait ce geste, j'ai eu l'impression que tu saisissais à deux mains l'étoffe cosmique de la mémoire humaine.

LAURE

Ou encore la peau de l'Ourse.

ANNE

Tu y poses tes mains, tu t'y agrippes par les lèvres et insensiblement, dans sa longue nage, elle t'amène dans des lieux que tu n'avais vus qu'en songe : des lacs d'émeraudes, des rivières cristallines, des eaux de monde en partance.

GERMAINE

Des eaux-de-vie, d'alcool de bebittes !

ANNE

Tu gagnes enfin l'autre pente du monde, la première version de toi.

LAURE

Je vous salue, les femmes du tonnerre.

GERMAINE

Mes filles boréales, mes sœurs sidérales !

ANNE

Et maintenant il pourrait neiger car le fond de l'air est frais. La Grande Oursonne va se lever dans sa nuit blanche, elle va neiger sa paix blanche dans tous les creux de la nuit.

GABRIELLE

Je suis comme dans un ouragan d'amour ! Il fait musique, j'ai la gorge ouverte aux oiseaux, la voix striée de fils d'or.

GERMAINE

Partageons le pain !

GABRIELLE

Nous sommes des femmes de lettres couronnées de voyelles saucées dans la farine de Laure, trempées dans l'alcool de bebittes de Germaine.

LAURE
(qui s'active au-dessus des casseroles)
Donnons-nous des odeurs, donnons-nous des vapeurs.

GABRIELLE
Laure Conan, l'ancienne, parle-nous de Félicité Angers.

ANNE
J'en ressens l'urgence tout à coup. Parle-nous de toi, Félicité Angers, alias Laure Conan.

GERMAINE
Avant, si on bougeait un peu?

GABRIELLE
Oui, oui, on déménage!

Quatrième tableau

LA NUIT DES VOYANTES

ANNE
(à Laure)
Pour moi, tu es à la fois une pionnière, un monument historique et un mystère.

GABRIELLE
Pour moi, elle était celle qui faisait souffrir tous ses personnages. Souffrir et mourir.

GERMAINE
Ils mouraient mais dans la chasteté, dans l'exil. Sainte sexualité détournée, priez pour nous, pauvres pécheresses!

LAURE
Ah! ça, comme traitement poignardant, comme déchirement dans le roman! Je ne donnais pas ma place. Des fois, quand je me relis, j'en ai encore les larmes aux yeux.

GERMAINE
À lire avec son mouchoir!

LAURE
Je me suis attelée à la lourde et longue tâche qui consiste à récrire toute mon œuvre.

GABRIELLE
Pourquoi?

LAURE

Toute mon œuvre! En commençant par mes romans. Parce que je viens de découvrir que je suis une auteure comique!

ANNE

Évidemment si on fait une lecture au deuxième degré de ton œuvre, en extrapolant... je ne dis pas...

LAURE

La paroissienne, dis-leur.

GERMAINE

Elle vient d'écrire quelque chose qui me semble magistral. À partir de son livre...

ANNE ET GABRIELLE

Pas de son livre sur Maisonneuve?

LAURE

Mais qu'est-ce que vous avez contre mon livre sur Maisonneuve?

GABRIELLE

Allez l'ancienne, ne nous fais pas languir.

ANNE

Un inédit de Laure Conan!

LAURE

En première mondiale! Évidemment, chère élite attentive et compréhensive, ce n'est qu'un brouillon, un bouillon de cultures. Mais je crois, très modestement, que j'ai cerné l'essentiel de mon roman.

ANNE

Nous te prêtons nos oreilles les plus poilues!

LAURE

Ah ! J'oubliais, il y a un chœur.

GERMAINE

Compte sur nous !

LAURE

En première mondiale ! L'hymne de la masochiste !

LE CHŒUR

L'air souriant d'une mystique
La face ravagée par les moustiques,
Les mouches noires, toutes les bebittes,
Avec le spasme du geyser
Elle mangeait son petit dessert :
Des maringouins !

LAURE

Ahhhhhhhhhhhhhh ! Hurlait-elle en si-
lence.
Pourquoi y habite si loin
Drapé dans sa mâle insouciance ?
Ce guerrier à la mâle assurance,
Pourquoi plane-t-il sur moi
Ainsi qu'un aigle au-dessus d'un putois ?

LE CHŒUR

L'air souriant d'une mystique
La face ravagée par les moustiques,
Les mouches noires, toutes les bebittes,
Avec le spasme du geyser
Elle mangeait son petit dessert :
Des maringouins !

LAURE

Ahhhhhhhhhhhhhhhhhhhhhhhh ! S'il
descendait jusqu'à moi, dans l'émoi
de son Sur-moi,
Je sais que je serais la peau de chamois
Qui envelopperait son poignard divin
S'il piquait dans mon corps ses moustaches
d'airain
Ouais ! Ouais ! Ouais ! Je serais sa
déesse aux mille bras.
Son karma, son pâpa, sa bouddha !

LE CHŒUR

L'air souriant d'une mystique
La face ravagée par les moustiques,
Les mouches noires, toutes les bebittes,
Avec le spasme du geyser
Elle mangeait son petit dessert :
Des maringouins !

LAURE

Elle fut malade à en mourir !
Là où le mâle n'est pas, on le sait,
la malade délire.
Mais lui, fidèle à son souvenir,
À son sourire ravagé par les moustiques,
Les mouches noires, toutes les bebittes,
Dans un élan bandant, chez lui assez sur-
prenant,
Sur le drapeau blanc de son régiment,
Il fit graver son nom : Laure Conan !

LE CHŒUR
(délirant)

L'air souriant d'une mystique
La face ravagée par les moustiques

Les mouches noires, toutes les bebittes,
Avec le spasme du geyser.
Elle cracha son dernier dessert :

LAURE
(avec les autres)
Des maringouins !

Laure est portée en triomphe par les autres.

GABRIELLE
Je suis définitivement réconciliée avec ton livre
sur Maisonneuve.

GERMAINE
Ça va être un best-seller !

ANNE
Best-sellère... Best-sellère... Si on se met à faire
de l'argent avec l'écriture !

GABRIELLE
C'est pas une raison parce que tu ne gagnes rien
avec la poésie, que Laure...

ANNE
Te voilà bien mordante ! La poésie c'est la grande
aventure verbale.

GABRIELLE
À cinquante exemplaires, dont le contenu est à
l'usage exclusif de la chapelle littéraire !

ANNE
Tu y vas fort : la charge de l'orignal légère. On ne
peut pas toutes avoir le prix Fémina, être traduites en
huit langues.

GERMAINE

Voyons les petites filles!

GABRIELLE

Pour les prix, tu n'es pas loin derrière. En ce qui concerne le Fémina, tu parles comme s'il m'était tombé du ciel. J'avais des années de marche forcée dans les jambes, de journalisme à la petite semaine. Ce pays je l'ai parcouru d'un océan à l'autre, à pied, en buggy, en char à bœuf, en autobus, en train, sur le pouce pis des bouttes en tramway. Je t'assure que dans ces véhicules — là on ne rencontre pas souvent les membres distingués de notre jet-set poétique.

ANNE

Où veux-tu en venir, Petite Corneille?

GABRIELLE

Au mépris! Au mépris dans lequel on a si souvent tenu les romancières en terre du nord alors qu'avec la poésie, c'est tout de suite le prestige, l'auréole, le summun de la beauté sur les ailes du divin messager!

ANNE

Tu as tout à fait raison. Mais il y a l'envers de la médaille : la moindre petite plaquette est-elle publiée que des invasions majeures s'annoncent à l'horizon. Trois essaims de sangsues s'activant frénétiquement sur ton œuvre pour y mettre à jour l'allégorie sociale, ou patriotique, ou psychana-lytique. Sans parler des thèses-serrées-comparatives-et-lucratives! Si tu savais comme tout cela m'agace.

GABRIELLE

Mais ce mépris, je ne le digère pas!

ANNE

L'ancienne pourrait nous en dire long là-dessus. *(Laure boude.)* Je crois qu'on méprise le roman parce que la tradition romanesque en est une de femmes. Qui a écrit le premier roman en Europe? Madame de La Fayette! Au Québec? Laure Conan.

GERMAINE

À la fin des années cinquante, en terre du nord, nous avions plus de romancières que n'en avait produit toute l'Europe en deux siècles. Je n'expliquerais pas ce mépris autrement. Qu'en penses-tu, l'ancienne?

Laure ne répond pas et continue ouvertement sa bouderie.

ANNE

Félicité Angers, éclairez-nous!

GABRIELLE

Sa bouddha boude?

GERMAINE

Nous lui avons demandé qui elle était et après nous lui avons tourné le dos.

GABRIELLE

C'est vrai.

ANNE

J'aime tellement ton nom: Laure Conan!

GERMAINE

Ça sonne comme un coup de canon!

LAURE
(qui se laisse gagner)
Si ma biographie vous intéresse vraiment!

ANNE

Et comment donc! Tu es notre principal point de repère, le point de départ d'une tradition. Avec toi notre littérature changea: elle cessa de dépeindre l'extérieur pour dire les signes et les cicatrices.

LAURE
(conquise)

Un jour que je marchais seule au bord du fleuve, j'ai pensé, je vais changer de nom. Ça m'est venu d'un seul coup comme une bouffée de chaleur, un coup de sang... ou de canon: Laure Conan! Ça faisait longtemps que je pensais que le monde nous oblige à fabriquer un gros sang épais comme le malheur. Que notre gros sang est un vieux compagnon de misère.

ANNE

Et changer de nom, c'était un peu changer de sang?

LAURE

Ouais! M'alléger le corps en m'éclaircissant le sang, pour mieux vivre, mieux écrire sans doute. La Malbaie au 19e siècle, vous n'avez pas idée!

ANNE

Le désert culturel?

LAURE

Le désert en toutte! Là-dedans, le temps de nos vies traînait son agonie, comme si de seulement survivre en courbant le dos, en serrant les fesses, était le seul engagement.

ANNE

Mais tu l'as fait, tu as changé de nom...

LAURE

J'ai changé de nom mais je n'ai pas réussi à changer mon sang. Je suis née avec un violon de rigodon dans les oreilles... qui me joue toujours le même air, celui de la peur. Note à note, braise à braise, la ritournelle maudite!

ANNE

Tu as déjà compté tes peurs, l'ancienne?

LAURE

Comment sais-tu que j'ai eu cette férocité envers moi-même?

ANNE

Parce que dans tes paroles il y a une pulsation qui va dans ce sens.

LAURE

Ouais! Pulsation ou propagation. La propagation se portait bien, dans le temps. Propagation de la foi, quelle farce sinistre! Propagation de la peur, ouais! J'ai compté mes peurs, Tête nuageuse, mais je me suis arrêtée à la quatrième.

ANNE

Dis!

GERMAINE

Je t'en prie, tu vas nous apprendre quelque chose!

LAURE

Je sens qu'on va toutes le regretter!

GABRIELLE

Mais non! Tu es ma confiance, je suis ton amie. Parle!

LAURE

Quatre, comme les cavaliers de l'apocalypse! La première, la peur du choléra...

ANNE

Le choléra? La peste?

LAURE

Vous ne pouvez imaginer les épidémies de choléra en ce temps-là. C'était un miracle d'y survivre!

GERMAINE

Moi j'ai souvenance d'histoires horribles, la fosse commune, les survivants jetant les morts dans les rues, la charrette des morts.

ANNE

La deuxième peur?

LAURE

La peur de la misère!

GABRIELLE

Peur qui m'est bien familière! Et la troisième?

LAURE

La peur de la calomnie, pis du mépris qui vient avec, qui se répand ainsi qu'un liquide lourd, acide, dévorant. Mais je me suis battue contre ça, j'ai essayé de rendre coup pour coup.

ANNE
(très pressante)

Et la première, la première de tes peurs?

GABRIELLE

Chère Tête dans les nuages, nous en sommes à la quatrième...

89

ANNE

Laure la nomme en dernier mais je suis certaine que c'était la première... *(Pressante.)* Alors? Alors?

LAURE
(faiblement)

La peur du feu.

GERMAINE ET GABRIELLE
(étonnées)

La peur du feu?

GABRIELLE

De passer au feu?

GERMAINE

Que le feu brûle ta maison?

LAURE

Non. Mes livres!

ANNE
(soudain très véhémente)

Brûler ses livres! Ah! Ah! Brûler ses livres! Mais c'est de la paranoïa, Laure Conan. Elle est bien bonne.

GABRIELLE

Qu'est-ce qui t'arrive, Tête nuageuse? Tu trembles, ma parole!

LAURE
(à Tête nuageuse)

On voit bien que tu ne les a pas connus, les brûleurs de livres.

GERMAINE

Mais qu'est-ce qui se passe? Qu'est-ce qui nous arrive? Tu trembles, l'ancienne?

LAURE
(toujours à Tête nuageuse)

Ils étaient nombreux en terre du nord, dans le Haut pis le Bas-Canada, les brûleurs de livres.

GERMAINE

Tu les as rencontrés?

LAURE

Je n'ai pas pu les éviter. Entre eux et moi, pas l'épaisseur d'une peau, la paroissienne! Un entre autres, dans sa belle robe noire, déguisé en vestale du feu divin. Le plus infernal, le mieux déguisé.

GERMAINE
(tremblante)

Dis-moi son nom, je l'éviterai à l'avenir.

LAURE

L'abbé Casgrain, le grand imprimatur. Comme je le craignais!

ANNE

Jusqu'à quel point?

LAURE
(à Tête nuageuse)

Rien ne t'échappe, hein? Tu veux tout savoir? Eh bien, je le craignais suffisamment pour lui écrire des lettres modestes et pieuses. *(Violente.)* D'ailleurs je leur ai tous écrit. Mais à lui, plus souvent qu'aux autres. Alors je jouais à la faible femme dans mes lettres, la pauvre petite femelle ébranlée qui demande conseil, la vieille fille transie qui a besoin de leurs lumières. Et ça m'a illuminée à m'en rendre noire, comme couverte de suie, à l'intérieur pis à l'extérieur. Vous devez me mépriser, n'est-ce pas?

91

GABRIELLE
Oh! non. Non! Non! J'aurais sans doute fait comme toi.

GERMAINE
J'ai peut-être fait de même sans m'en rendre compte. *(Elle se tourne vers Tête nuageuse.)* Et toi?

ANNE
(qui se veut très détachée)

Ce que je peux vous dire c'est que j'avais profondément choisi d'être écrivain, j'ai vécu dans un milieu favorable à la parole littéraire, il me semblait donc que je connaissais le poids et le prix de tous les mots qu'on écrit. Et que même dépossédée je pouvais envoyer mon double à travers le temps ou l'histoire.

GABRIELLE
Ça ne répond pas à la question de Germaine.

ANNE
(toujours très détachée)

Oui, tu as raison. Peut-être qu'à travers tout cela... moi aussi j'ai rédigé une ou deux lettres trop polies à ces bourreaux. Qui sait?

LAURE
Je me méprise pis je m'haïs!

GABRIELLE
Ne t'accable pas, l'ancienne. *(Elle imite Tête nuageuse)* Peut-être qu'à travers tout cela... moi aussi j'ai rédigé une ou deux lettres... *(Elle reprend)* Et que même dépossédée, je pouvais envoyer mon double à travers le monde... Pourquoi n'y allais-tu pas toi-même? Hein? Pourquoi?

GERMAINE

Tu t'emballes, Petite corneille!

GABRIELLE

Je décroche. Après la sincérité et la douleur de Laure, ce discours-là me pue au nez!

ANNE

Tu me perçois mal!

GABRIELLE

Je te perçois d'où je me tiens, et je me tiens debout à côté de Laure, pis de ma mère, pis de toutes les femmes qui ont peur, qui se méprisent mais qui n'ont peut-être pas les mots pour le dire!

GERMAINE

(qui se met devant Tête nuageuse pour la protéger)

Petite corneille, tu dis quelquefois n'importe quoi!

GABRIELLE

Je dis n'importe quoi, mais je ne dis pas toutte!

GERMAINE

(pour soulager l'atmosphère, avec beaucoup d'entrain)

«Or, sont ainsi les femmes diffamées
Par moultes gens et à grand tort blâmées
Tant par bouche que par plusieurs écrits;
Oui, qu'il soit vrai ou non, tel est le cri!»

Plaidoyer pour les femmes, par Christine de Pisan, quatorzième siècle. *(À Tête nuageuse, taquine.)* Tu l'as manquée, celle-là, hein?

GABRIELLE

Je fais amende honorable. Merci, la paroissienne. *(À Tête nuageuse)* ô beaux yeux bleus, excuserez-vous ma langue pleine de «forcénements» et de tourments?

ANNE

Petite corneille, c'est un peu de ma faute aussi. Je ne comprends pas ce qui m'arrive? Il y a une telle tension dans l'air.

GERMAINE

C'est vrai... On entame un moment difficile. Comment te sens-tu, Laure?

LAURE

Comme quelqu'un qui veut aller jusqu'au bout.

GABRIELLE

Raconte, l'ancienne, raconte!

LAURE

Après la parution de mon premier roman, je me suis bercée toute la nuit. Je le tenais dans ma main, je le regardais pis je pleurais avec la sensation de tomber dans un gouffre. Je gémissais en me balançant de plus en plus vite sur ma chaise, un poing dans la bouche pour étouffer cette peur maudite, l'empêcher de sortir en épouvante. Alors...

Elle s'arrête.

ANNE

Laure, Laure, continue.

LAURE

J'ai entendu dans les fonds de la nuit... Ah! Je n'oublierai jamais, jamais.

ANNE
(la pressant)
Laure, Laure, je t'en prie!

LAURE

J'ai entendu des pas feutrés... Les brûleurs de livres rôdaient dans la nuit avec du feutre autour de leurs bottes! Affamés! Enveloppés dans une vapeur fugitive! Je les ai entendus! Je les ai entendus! D'énormes pas feutrés parcourant l'immensité de la nuit. Quelque chose me scindait de ma vie... de l'écriture... j'ai compris que j'allais toujours trembler en écrivant. Trembler!

GABRIELLE

On a donc brûlé tant de livres en terre du nord?

LAURE

Ça dépasse l'imagination! Une vieille coutume locale, en somme. Autant sous le Régime anglais que sous le Régime français. Ils avaient exporté cette tradition des Europes où depuis longtemps on considérait les écrivains comme des fous dangereux écrivant des choses indignes d'être lues par des gens pieux, des gens sérieux. Les prédicateurs à la mode parlaient de nous dans leurs oraisons funèbres!

GERMAINE

Mais pourquoi craignait-on à ce point ceux et celles qui écrivaient de la fiction?

LAURE

Peut-être parce qu'on y invente de la conscience, de la mémoire. Qu'on y agite du destin! Peut-être parce que les écrivains dénonçaient le terrorisme des pouvoirs, l'exploitation des pauvres, la débilité puante des gouvernements.

95

ANNE

Dans les fictions, la vie revient, circule avec toutes sortes de vérités, de possibilités. Quelqu'une part à la recherche d'un trésor... Et le trouve!

GABRIELLE

Quelqu'une part à la recherche du «Tombeau des rois, des Mystères de la parole, des Songes en équilibre»* ...Et les trouve!

GERMAINE

Je me souviens qu'à l'époque de Shakespeare par exemple, les écrivains s'emparèrent des licornes, des chimères. Au Moyen-Âge, on s'empara des gorgones, des dragonnes, de tout le monstrueux venu d'Orient!

ANNE

Comme s'il suffisait de se mettre en route dans la fiction pour rencontrer des sujets d'émerveillement. Comme si la lecture de certains livres exerçait et renouvelait à la fois, les pouvoirs créateurs des êtres. (À Laure.) Tu as vu brûler des livres?

LAURE

Deux fois, la deuxième fois, en face d'une librairie. Le libraire avait lui-même invité les membres du clergé à censurer sa librairie. On a fait un gros tas, en plein milieu de la rue.

ANNE
(angoissée)

Et la première fois?

---

* Œuvres écrites par Anne Hébert.

LAURE
(angoissée)
La première fois... J'ai vu... J'ai entendu...

ANNE
Qu'est-ce que le feu, Laure Conan?

LAURE
L'obéissance, Tête nuageuse! Une telle obéissance qu'après cela on ne peut plus imaginer une
désobéissance quelconque. (On entend la voix du feu.)
Le feu court comme un fou! Le feu mord! Il te
rattrape, coureur du large, opaque et fumant. Je me
souviens... Je me souviens... La forme épaisse de la
fumée couchée sur les livres et les odeurs accrochées
à toutes les arêtes du feu. Les odeurs! Comme si on
brûlait en même temps de la sueur, des larmes.

ANNE
De la peau, des os, des cheveux... Le feu s'ajoute
au feu! Tu te dis que ce serait bien le diable s'il n'y
avait pas dans ce brasier un petit endroit de fer ou de
ciment qui pourrait résister! Mais il n'y en a pas.

LAURE
Il n'y en a pas. Que des feuilles tendres, des sèves
d'encre. Je me souviens que certains livres s'enflam-
maient d'un seul coup ainsi que font les étoiles dans
le ciel d'une nuit bouillante!

GABRIELLE ET GERMAINE
Vous nous faites mourir de peur avec vos histoires d'épouvante!

ANNE
Le monde tourne autour de deux ou trois choses!
Le reste est incendie.

97

LAURE

Plus je me souviens plus il me semble que c'était une nuit semblable à celle-ci. Une belle nuit blanche tricotée de fils d'or. Il y avait dedans des astres heureux qui gravitaient. J'avais neuf ans. J'étais à la fenêtre, en train de rêver avec moi-même. *(Voix du feu.)* Alors j'ai entendu... J'ai vu le brasier, les lueurs qui rongeaient la nuit, les gens qui couraient en riant pour jeter des brassées de livres dans le feu... J'ai vu quelque chose d'impitoyable !

ANNE

Qu'as-tu vu ? Qu'as-tu vu que je ne sais déjà !

GERMAINE

(s'adressant à Laure et à Tête nuageuse)
Qu'avez-vous vu ?

ANNE

Que ce feu pouvait se confondre avec ma vie ! Jusqu'à la réduire en cendres.

LAURE

J'ai vu ce qui pouvait m'étouffer et au lieu de le refuser, de crier mon dégoût, j'ai tremblé. Je me suis jetée à genoux et j'ai supplié que cela me soit épargné !

ANNE

Tu avais neuf ans, Félicité Angers ! Une petite fille de neuf ans, debout dans la nuit, en face d'une incandescence... Confrontée avec la terreur millénaire des bêtes et des âmes humaines...

GABRIELLE

Moi, je n'ai plus de mots.

98

ANNE

Si, il en faut pour dire les évidences!

LAURE

Tu es terrible, Tête nuageuse... Pourquoi? De nous trois, c'est toi qui as écrit les choses les plus cruelles, les plus terribles, les plus brûlantes... Oui, les plus brûlantes! Tu œuvres dans le feu! Tu poursuis l'incendie!

GERMAINE

C'est elle qui a écrit les choses les plus déchirantes... Les plus visionnaires!

LES TROIS
(simultanément)
«Le feu lâché, bête infinie, l'âge de la
terre se rompt par le milieu.
L'agonie se fonde, démence au poing.»[*]

ANNE

Taisez-vous! Taisez-vous! (Il laletante.) Laure, Laure, ne me parle plus de feu. Jamais! Ne me parle plus de tes agonies qui sont les sœurs jumelles des miennes. Je ne veux plus entendre ce cri effréné de l'enfance, du massacre de nos plus belles espérances. Tais-toi! Tais-toi! Parce que si tu dis tout, je ne pourrai jamais plus écrire. Le feu m'écorche! Le feu m'étrangle! Me blanchit les cheveux! Me fait bouillir le souffle dans la gorge! On n'écrit pas dans l'apoplexie! Jamais! Demande à Germaine Guèvremont, la survenanté des îles! Demande à Gabrielle Roy, «La petite poule d'eau», la fille de «La montagne secrète». «Angéline de Montbrun» est inconsolable, ta fille est inconsolable, Laure Conan! Ne nous parle plus du

_____
[*] Anne Hébert.

99

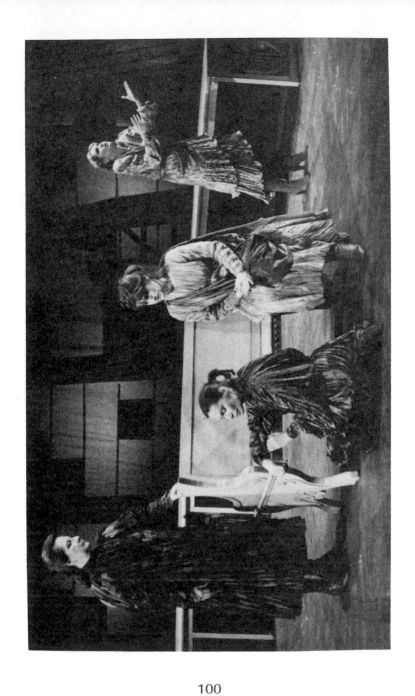

feu / Ne me parle plus jamais du feu, imagination empêchée, souvenance interdite, rhume de mémoire, parle-moi plutôt de La Malbaie, de ton jardin, des montagnes enchantées entre le cap Tourmente et la rivière Sagnenay... même du chemin de fer de Charlevoix (de la ligne du Grand Tronc)... du bateau passeur qui reliait la Pointe au Pic à la rivière Ouelle. Parle-moi de Québec, si tu veux, des épidémies de choléra, des processions d'enfants de chœur, du clergé tout carapaçonné d'or, du Bas-Canada, de l'Hudsonie... mais ne me parle plus du feu... je n'ai rien pour me défendre contre toi et je ne veux pas de sa sécheresse dans ma création. Je ne veux pas de son hurlement !

LAURE

Que je me taise ou que je parle... nous sommes descendues là-dedans, parmi les bûchers, là où la mort l'emporte sur le reste.

ANNE

Mais nous avons survécu.

GERMAINE

C'est vrai, nous avons survécu.

LAURE

Comme par la pitié des choses !

GABRIELLE

Tu pleures, l'ancienne ?

LAURE

C'est ma vieille rivière qui me sort par les yeux. (À Tête nuageuse.) Mortes ou vivantes, nos livres et nos corps leur appartiennent. Entends-moi, femme selon mon cœur, il faut en finir avec cette nuit colossale... La nuit de l'anonymat, des pseudonymes ! Je parle au nom de toutes celles qui écrivent, qui créent quelque part dans le monde. Il faut en finir, sinon...

GERMAINE

Sinon le dégoût du vivant nous restera. Il faut comprendre, savoir, digérer pour vivre. Pas seulement pour vivre mais surtout pour s'enrichir la vie, s'offrir des émerveillements!

LAURE

Quand je mêle mes songes à ta vie, à tes livres, Tête nuageuse, je m'offre le plaisir d'aimer l'immense. J'ai souvent pensé que ça devait être une sensation extraordinaire que de signer un texte sorti de ses entrailles, de sa tête, de son cœur, un texte pas maquillé par la censure, que de le signer de son propre nom.

GERMAINE

Je crois qu'on se dissimule souvent sous un pseudonyme par peur de l'échec.

ANNE

Quand tu écris, que ton livre est publié, tu te retrouves immédiatement sur la place publique, cette place où nous avons été si souvent convoquées pour y être jugées. Sur cette terre promise, on a brûlé deux choses: des femmes et des livres. C'est le matériel de base des bûchers avec des chattes, des vaches, des juments et des truies.

GABRIELLE

Convoquer ce qu'il y a de plus frémissant, les femmes, les enfants de la terre, les bêtes, les enfants de nos imaginaires.

GERMAINE

Ah! l'ancienne, et toi Tête nuageuse, et toi Petite corneille, vous avez identifié quelques-unes de nos terreurs les plus secrètes. Je me sens libérée. Soulagée!

GABRIELLE

Comment te sens-tu, Tête nuageuse?

ANNE

Tremblante et triste, mais moi aussi je me sens une continuité dans le souffle, dans la respiration que je n'avais pas avant.

LAURE

Moi, je me sens comprise. Et aimée!

ANNE
(prenant la main de Laure)

Nous avons fait un grand bout de chemin ensemble... Je sens que l'envoûtement s'éloigne. Nous allons retrouver des espaces, du temps, des douceurs à l'intérieur de nous. C'est ainsi que je me veux pour vous.

LAURE

Moi aussi!

GERMAINE ET GABRIELLE

Nous aussi!

GERMAINE

Vous êtes l'espérance incarnée!

ANNE

Ce soir, il faut que tout monte à la surface. Le lent travail des profondeurs. Puis nous émergerons

nous prendrons de l'altitude comme les oiseaux,
comme les sorcières qui volaient dans les airs!

GERMAINE
(taquine)
Dans l'éventualité d'un départ aussi éminent, je
crois qu'il est temps que je vous parle de mon projet.

GABRIELLE
Un projet? Quel projet?

GERMAINE
Un projet d'écriture... À quatre voix!

LAURE
Nous quatre écrivant un livre ensemble! Moi
parmi vous? Ah ben ça alors...

GERMAINE
Ça vous intéresse vraiment?

LAURE ET GABRIELLE
Et comment donc!

GERMAINE
Et toi, Tête nuageuse?

ANNE
(hésitante)
C'est que... j'ai toujours écrit seule. Mais j'avoue
que l'idée est séduisante.

LAURE
Tel que je connais Germaine, je suis certaine
qu'elle a déjà trouvé le titre de notre livre, n'est-ce
pas, la paroissienne?

EN CHŒUR
Ton titre! Ton titre! Ton titre!

GERMAINE

(modeste)

Un titre bien temporaire. S'il ne vous plaît pas nous en chercherons un autre! Moi, j'avoue qu'il me plaît assez.

ANNE

Ne nous fais plus languir! Dis-le!

GERMAINE

Comment les forceps vinrent aux hommes.

Cinquième tableau

COMMENT LES FORCEPS VINRENT AUX HOMMES

GABRIELLE

Voilà un titre percutant, la paroissienne. Je sens qu'il me descend dans le fond des entrailles.

LAURE

Moi, il va me pêcher je ne sais quoi dans le sang!

GABRIELLE
(soudain inquiète)

Mais...

GERMAINE

Mais?

GABRIELLE

Ça peut être très heavy.

LAURE
(abondant dans le même sens)

Ça va faire peur au monde, c'est certain. Je me demande comment notre livre sera perçu? Mais ça ne m'empêchera pas de l'écrire.

ANNE
(moqueuse)

Mèeeeee...   Mèeeeeeeeeeee...
Mèeeeeeeeeeee! Déjà la trouille, hein? L'autocen-

107

sure, il n'y a rien de plus efficace. Je fais vous dire comment notre livre sera perçu: très mal! Et comme d'habitude nous serons condamnées à subir les deux sanctions suprêmes, le malheur et le ridicule. Pour être bien perçues et bien reçues il ne faudrait écrire et publier que des livres de recettes!

GERMAINE

Le bon vieux livre de recettes éprouvées, dorlotées pour parer les effets les plus ravageurs de la cuisine morale des grands chefs. Il me semble que ça fait si longtemps, si longtemps que nous puisons dans le même capital défensif de ruses et de feintes!

ANNE
(très didactique)

Recette pour cuisinière diplômée et les autres: l'institution de la cuisine originelle recommande de préparer la sauce des victimes solidaires, au bain-marie. Portez le tout à ébullition et mélangez bien avec le fouet sacré, la bonne pâte pré-manipulée de la fatalité prénatale. Tournez modestement de la main droite en ajoutant pieusement une tasse de malédictions et un soupçon de trahison. Puisqu'il faut tenir compte de la saveur fade de cette volaille, n'oubliez pas de bien presser le citron de l'oppression. Comme ce mélange est parfaitement dosé, si vous avez bien travaillé, vous obtiendrez, soufflé à l'air pur et chaste, le solo de la femme hargneuse, le duo des pleureuses ou mieux, la fanfare des militantes calamiteuses. Voilà comment nous sommes perçues!

GERMAINE

Ça, c'est de la recette! Une vraie pièce montée: tronçons de femelles frites à la sauce sémantique... Sauce béchamel du Carmel!

LAURE

Tête de cochonne de lesbienne persillée ou dinde braisée d'historienne aux fines herbes romaines! *(Saluant.)* Que puis-je faire pour vous?

GERMAINE

Femme de mon cœur, je sens que la fine limière s'agite en toi. À vrai dire, j'avais pensé que nous pourrions te confier certaines recherches historiques dans des bibliothèques inaccessibles. Ah! Laure, je t'imagine en train de fureter dans leurs archives les plus secrètes, survolant le rayon des interdits!

LAURE

C'est tout un voyage que tu me proposes! *(Agitée.)* La bibliothèque d'Alexandrie, celle du Vatican. La bibliothèque nationale de Paris, Jérusalem, Londres. *(Très concrète.)* Ottawa! Québec! Je n'ai plus mes jambes de vingt ans, tu sais!

GERMAINE

Tes jambes! Ma chère Laure Conan, en tant que célibataire, tu devrais savoir que tu es dans un état d'apesanteur... sexuelle! Alors que moi, la mère, je pèse une tonne de maléfices, de renoncements, de frustrations, tu connais la chanson, non?

LAURE

Vous êtes une femme de poids. Je m'incline. En revanche, j'aimerais commencer mes recherches en Amérique vers le nord. Oui, je commencerais par le forceps canadien, le vrai forceps patriotique, à forte constitution.

ANNE

Surtout ne pas restreindre notre champ de fouilles. C'est toute la médecine qu'il faut ausculter, si j'ose dire.

GERMAINE

Tu as raison. Je suggère que dans un premier temps, Petite corneille et moi fassions route vers les parties les plus anciennes de l'univers pour y recueillir toutes les pratiques médicales inconnues, cachées, oubliées.

ANNE

Et moi? Oh! Je devine.

GERMAINE

Oui, la création. La femme qui porte l'œuvre! (À Petite corneille.) Tu m'apprendras à voyager, n'est-ce pas?

GABRIELLE

Germaine, avec toi j'irais jusqu'au bout du monde, tu le sais. Mais...

ANNE

Mèeeeeee... Notre romancière intrépide est-elle en train de nous déserter?

GABRIELLE

Quelle mouche te pique? (Prenant un ton qui se veut détaché, un peu comme Anne dans «La nuit des voyantes».) Je voudrais que nous prenions le temps d'analyser en profondeur ce projet au lieu de...

ANNE

Petite corneille, si tu poursuis sur ce ton, tu vas me voir sincèrement navrée. La proposition de Germaine est très claire, elle nous propose de remonter plus loin que la Genèse officielle, de retracer la culture des femmes à son premier embryon de bonheur. Je te dis que ce que nous ramènerons dans le filet naturel de notre pêche miraculeuse fera basculer le mensonge.

GERMAINE

Je vous propose aussi de tout transgresser, sciemment, et d'en finir avec ce qui nous paralyse à des profondeurs ou à des hauteurs que nous ignorons peut-être.

GABRIELLE

Je n'ai pas de goût pour la confession!

ANNE

Pour le témoignage. Nuance!

GABRIELLE

Si tu veux! Les forceps! Nous allons entrer dans l'horreur!

ANNE

Si c'est ainsi que tu le perçois.

LAURE

(à Tête nuageuse)

Pour nous, l'horreur c'était le feu. Et nous l'avons exorcisé.

GABRIELLE

Les forceps! C'est plein de cris et de sang.

GERMAINE

Mais ce sont nos cris, notre sang, nos enfants. Et c'est mon secret.

GABRIELLE
(secouée)
Ton secret, Germaine?

GERMAINE
Peut-être ce dont je rêvais au commencement de notre rencontre, c'était de me dire à vous. *(À Petite corneille.)* Mais si cela t'est insupportable.

GABRIELLE
Si tu savais comme je ne m'estime pas en cet instant. *(Aux autres.)* Si vous saviez?

LAURE
Moi je sais. Tu as aussi ton secret Gabrielle... Et j'imagine que c'est quelque chose de très grand, de très beau que tu croyais à l'abri dans une région si solitaire, si oubliée, que personne n'y viendrait jamais. Personne.

ANNE
Que la pluie qui tombe sur les flancs de «La montagne secrète»*. Mais voilà que le secret de Germaine regarde le tien, tremblant de se dire.

GERMAINE
(à Petite corneille)
Quelquefois je te perçois comme si tu étais ma fille, ma première petite fille, celle qui a coulé de moi en aval de toute douleur, de tout regret.

GABRIELLE
Germaine Guèvremont, je t'écoute avec toute ma vie!

---

* Œuvre écrite par Gabrielle Roy.

112

113

GERMAINE

Gabrielle, j'ai peur de la nuit, j'ai peur du temps qui passe en dévorant ma vie. Même en fermant les paupières, je ne peux plus tenir l'horreur à distance. J'ai peur d'allonger mon corps sur le vieux matelas, de poser ma tête sur l'oreiller. Ils ont servi tant de fois à la naissance et à l'agonie qu'ils sont comme moi, fatigués des deux.

GABRIELLE

Tu demandes au monde une paix qu'il ne peut te donner.

ANNE

Alors il faut changer de monde! Et le plus vite possible.

GERMAINE

Vous parlez dans l'absolu. Je ne veux pas quitter ce monde, comprenez-vous? Je ne veux pas.

LAURE

Pourquoi?

GERMAINE

Mais parce qu'il est à moi! À nous! Je veux le comprendre, le défaire, le remonter, le transformer. La terre est à moi. Elle est belle! La terre est vêtue de musique profonde, ses îles ouvrent leurs ailes de fleurs pour embaumer l'air du ciel. Dans le creux du golfe, à l'embouchure du Saguenay, les baleines mères se ravitaillent d'espérances.

GABRIELLE

Et nous habitons tout cela et cela nous habite. Je t'entends, Germaine.

GERMAINE

À chaque fois que je parle d'accouchement je vois des ciseaux, des couteaux...

GABRIELLE

À chaque fois que tu parles d'accouchement tu ne vois rien Germaine! Tu ne vois rien!

GERMAINE

Dis-moi que je mens, Gabrielle! Ose!

GABRIELLE

Tu ne vois rien! Il n'y a rien! Tout est blanc! Blanc, froid, barbe blanche, vêtements blancs, blanc, amnésie, bout de craie, chaux vive, blanc, blanc, tout le temps! Des oies blanches!

GERMAINE

Non! Non!

GABRIELLE

Arrête, Germaine! Arrête! Tout est blanc! Ouvre les yeux!

GERMAINE

Non!

GABRIELLE

Pourquoi?

GERMAINE

Parce qu'il faut que je continue... Il faut que je continue.

GABRIELLE

Je n'en veux plus!

GERMAINE
(qui a toujours les yeux clos)
Tu ne veux plus de quoi?

GABRIELLE
De ta culpabilité. Tu es dans un état d'amnésie glacée, Germaine!

GERMAINE
Sais-tu ce que les femmes ont souffert? Le sais-tu?

GABRIELLE
Je le sais.

GERMAINE
Non...

GABRIELLE
Je le sais, parce que je suis ta fille.

GERMAINE
(ouvrant les yeux)
Ma fille... ma première petite fille... ma première enfant...

GABRIELLE
Dis-le, Germaine! Crie-le, Germaine! Tout est blanc, blanc.

GERMAINE
Je suis inconsolable!

GABRIELLE
Je suis inconsolable! La nuit... la nuit, si tu savais comme j'ai mal. *(Elle montre sa tête, touche ses tempes.)* Là, là, ça m'écrase.

GERMAINE

Comme une lente torture. Douleur à en devenir folle de chagrin. D'une grossesse à l'autre, c'est la soumission qui me centre. Écaille des aciers... leurs valises noires... un bruit de métal au commencement d'une longue torture qui me soulève de cris en cris.

GABRIELLE

Que disent-ils?

GERMAINE

Aide-moi Gabrielle? Pardonne-moi, petite fille.

GABRIELLE

Mais tu n'es pas coupable? Que disent-ils? Que disent-ils? Aide-moi Germaine!

GERMAINE

Ils disent: «priez pour qu'elle meure, madame, parce que c'est un monstre.»

GABRIELLE

J'ai tout entendu Germaine... Tout! Tes cris, tes larmes... J'étais là!

GERMAINE

Ils disent que j'enfante des monstres... ils t'écrasent la tête... je crie... Tuez-moi! Au centre de mon corps élargi, ma première enfant blessée... J'ai ton sang sur mes cuisses...

GABRIELLE

J'ai ton sang sur ma tête. Mais nos peaux s'embrassent. Tu es la première femme de ma vie.

GERMAINE

Mais je t'aimais, je t'aimais, je le jure!

GABRIELLE
Je t'aime, je t'aime, je le jure!

GERMAINE
Mais ma soumission...

ANNE
La soumission des mères s'ordonne dans de telles
conditions de fer! De haine!

GERMAINE
Petite corneille, c'est comme si je venais d'ouvrir
une porte longtemps fermée. Je reprends en main ma
vie, et ma vie est remplie jusqu'aux bords de l'âme de
mes enfants. Partout, partout, je vois l'empreinte de
leurs rêves, de leurs chagrins... mais je les entends
aussi courir pieds nus... rire! Rire!

GABRIELLE
(riant)
Je reprendrai le char à bœuf, je repartirai en
voyage et je répandrai partout sur la terre ce livre que
nous écrirons ensemble.

LAURE
J'en déposerai des exemplaires sur les bancs
d'église, sous les oreillers.

ANNE
Les aéroports.

GABRIELLE
Les gares, les terminus d'autobus.

LAURE
Les tables de cuisine.

GABRIELLE

Je te dois la vie, Germaine!

GERMAINE

Je te dois la mémoire, Gabrielle!

LAURE

C'est le boutte du boutte!

GERMAINE

C'est bien la première fois qu'on m'encourage à écrire un livre... Attendez! Attendez! *(Elle fouille dans ses notes en reniflant.)* Il y a beaucoup de femmes qui ont résisté. Tenez... Agnodice d'Athènes qui brava l'Aréopage, Siphora et Phua qui résistèrent au pharaon qui leur ordonnait de couper le cordon ombilical de façon à tuer tous les nouveau-nés de la nation hébraïque.

GABRIELLE
(songeuse)

Qui résistèrent... Qui bravèrent... Je me demande?

LES AUTRES

Quoi? Quoi?

GERMAINE
(regardant avec intensité Gabrielle)

Télépathie!

GABRIELLE

Bon sang ne saurait mentir!

LAURE

Je sens que ça repart en grande.

119

GABRIELLE

Je m'envole.

GERMAINE

Elle s'envole, je m'envole.

LAURE

Moi aussi!

ANNE

Moi itou!

GERMAINE ET GABRIELLE

Vous? Des poules mouillées?

LAURE ET ANNE

Quoi? Quoi?

GABRIELLE

La paroissienne a raison. Nous ne sommes que des poules mouillées!

Sixième tableau

LA SAGA DES POULES MOUILLÉES

LAURE
(à Tête nuageuse)
Des poules mouillées?

ANNE
(à l'ancienne)
Des poules mouillées! *(À Petite corneille et à la paroissienne.)* Des poules mouillées? Quand même!

GABRIELLE
(faussement accablée)
C'est l'instant de vérité. Regardons la vérité en face, reconnaissons les faits, une petite dose d'objectivité ne peut que purifier l'air vicié de cette fatalité.

GERMAINE
En vérité, en vérité, nous ne sommes que des poules mouillées! Et nous allons l'extérioriser, nous mettre la phalle et la fange originelle à l'air! Vas-y, Petite corneille!

GABRIELLE
(qui se concentre, très inspirée, puis avec les premiers mouvements d'une poule, gonflement des plumes, gloussements)
Je racuttttt, cut, cut, cut.

GERMAINE
(même jeu)

Elle racutttttt, cut, cut, cut. Voici, cut, cut, qu'une poule se penche sur le poulailler de sa genèse, cut, cut. Que voit-elle?

GABRIELLE

Cutttttt, cut, cut. Sous la couche nébuleuse de l'appétit des humains, elle entend le discours inaugural du génial agronome rural. Cutttttt, cut, cut. Tout pour l'avancement des travaux avicoles dans les poulaillers d'engraissement du mérite agricole! Cut! Cut!

GERMAINE

Cutttt, cut, cut, voici l'heure exquise où pressée d'une haute intuition, la poule-au-pot atteint la crête de l'esprit viril avant de redescendre dans le fond de son silo. *(En aparté.)* Rien ne peut satisfaire à cette jalousie que j'éprouve devant le courage de la poule-au-pot. Elle racuttt, cut, cut...

GABRIELLE

Avant de labourer ces sentiers battus où nous séparerons le bon grain de l'ivraie, cut, cut. Au fronton du portail funèbre du grand poulailler universel, prenons le temps de lire les noms des races antiques. Et voici la première dynastie de poules : les poules ostrogothes, cut, cut, les wisigothes, cut, cut.

GERMAINE

Le pied-de-poule de la Leghorn d'Antigone, de la Nagasaki d'Ophélie, la Hollandaise huppée de Médée. Cut, cut, cut.

GABRIELLE

La combattante indienne de Célimène, la Bantam de Roxane, la poule de Brahma de la dame aux camélias.

GERMAINE

La Plymouth-Rock sans rancune dans les ovules!

GABRIELLE

N'oublions-nous personne?

GERMAINE

Nous allions oublier les poules mérovingiennes!

GABRIELLE

Carolingiennes-chrétiennes?

GERMAINE

Celles-là même! Pauvres poules aux plumes mouillées-détrempées, par quarante jours et quarante nuits de pluies diluviennes. Ce qui, cut, cut...

GABRIELLE

Cut, cut, a provoqué un certain relâchement moral des muscles horripilateurs de la poule trempée, ce qui...

GERMAINE

A permis d'entasser encore plus de poules dans l'entonnoir sacrificateur qui ravigote, cut, cut. C'est ici que la poule engraissée parcourt pour la dernière fois, les champs élysées de son plancher sans se percher ni se jucher.

GABRIELLE

Gros œuf blanc, petit œuf coloré, œuf médium nacré vous voici dans l'entonnoir sacrificateur. Poule, ma sœur poule, ne vois-tu rien venir?

GERMAINE

Cut, cut, les deux grosses pinces du prince des méninges nous font face et ne nous laissent point douter que ce soit ici le terminus de celles qui ont vécu comme des poules pondeuses.

GABRIELLE

Cut, cut, un jour ma pince viendra! Cut! Cut!

GERMAINE

Cut coupe! Cut coupe! Cut poule! Coupe poule! Coupe poule! Coupe-gorge!

GABRIELLE

Cutttttttt! Cul-de-poule-de-poule-de-luxe-oiseau-de-basse-cour. Cocotttttte!

GERMAINE

Basse-poule, cocotte-minute je te grignote!

LAURE
*(qui se métamorphose en fermière et jette
du grain aux poules)*

Petittttte! Petttttite! Pettttite! Cut, cut, cut...

GABRIELLE
(à la paroissienne)

Tu entends ce que j'entends?

GERMAINE

Je m'arrête, ravie.

GABRIELLE

Que cette voix est belle!

GERMAINE

Que cette voix est abondante!

LAURE
(de plus belle, moitié poule, moitié fermière)
Petite! Petite! Cuttttttt, cut, cut.

GERMAINE ET GABRIELLE
C'est elle! C'est elle! C'est maman-po-poule, maman cut-cut!

Se précipitant vers Laure en gloussant, se réfugiant dans ses vêtements.

GABRIELLE
Me voici dans son giron!

GERMAINE
Je suis dans son édredon!

GABRIELLE
Regarde un peu ses barbillons!

GERMAINE
Ça sent bon! Ça sent l'an neuf, l'ère première!

GABRIELLE
Entends la voix de tes filles, maman-po-poule! C'est la voix du sang, de la reconnaissance!

ANNE
(sentencieuse)
Honteux comme un renard qu'une poule aurait pris!

GERMAINE
Ce que tu es anti-climax! Mais rien ne nous arrêtera, ô Tête nuageuse, nous les poules, les pou-poules, les ma-poules, les belles dindes, car après tant de siècles de civilisation dans le gorgoton, de cloisons,

de plafonds, de poisons, de tourner en rond dans nos cabanons, nous allons enfin tremper notre bec.

LAURE

Cutttttttttt, cuttttttttttt, cutttttttttttt!

GABRIELLE

Ne t'impatiente pas, maman!

GERMAINE

Nous allons tremper notre bec dans l'œuf à la coque.

GABRIELLE

De la poule aux œufs d'or!

GERMAINE

L'œuf admirable. L'œuf des neiges éternelles, coulée dorée d'une lune de miel jusque dans le fond du troufignon!

GABRIELLE

L'œuf de l'exultation!

ANNE

Vous allez trop vite pour moi, femmes de mon cœur!

GABRIELLE

Poules de ton cœur!

ANNE

Je vous en prie, sortez-moi du puits de mon ignorance.

GERMAINE
(montrant Laure)

Regarde ta mère! Regarde-la, la poule de la splendeur. Dans l'immense creux de ses régions corporelles, l'apparition du premier luminaire, dans sa peau de soie, l'apparition de l'œuf! J'affirme, Tête nuageuse, que cet œuf, dans le ventre de ta mère, longe la frontière de l'autre monde!

ANNE

Lequel?

GABRIELLE

Celui des poules mouillées, voyons!

ANNE

Je suis dans la brume. Votre parcours m'essouffle.

GABRIELLE

Magies et mystères, tu as déjà entendu la voix des anges, n'est-ce pas? Maintenant tu entends le concert des origines.

LAURE, GERMAINE, GABRIELLE

Cuttttttt, cut, cut, cut.

GABRIELLE

Le concert féérique dans les entrailles de la poule alchimique. Celle-là même, la poule des faiseurs d'or, de ceux qui voulaient une puissance, n'importe laquelle, un pouvoir, n'importe lequel!

ANNE
(stimulée)

J'y suis! Nous avions lu cela ensemble, Petite corneille.

> «Les alchimistes recommandaient de
> donner au vase hermétique une chaleur
> semblable à celle d'une poule qui couve.
> Car la poule est la femelle, l'eau
> mercurielle, la chaleur naturelle.»

LAURE

Regarde mon œil clair, purgé de haine. Nous avons toutes reçu notre œuf de poule mouillée!

ANNE

Mouillée où?

GERMAINE

En vérité, en vérité, ce qui est mouillé, chez une poule, c'est uniquement le troufignon, l'artère vaginale, la muqueuse moqueuse qui se moque de la sécheresse!

GABRIELLE

Et tout cela est à la ressemblance de mon corps, de ma vie.

LAURE, GERMAINE, GABRIELLE

Nous sommes des poules mouillées!

GERMAINE
(très inspirée)

Ô poule enfouie dans l'Histoire, je te retrouve enfin, ma sœur, ma jumelle, mon amie! Ton cœur veille quand je dors! Je dors! *(Aux autres.)* Vous avez entendu? J'ai dit, je dors, comme si j'allais dormir! Comme si je n'allais plus boire l'air glacé de l'insomnie.

GABRIELLE

Eh! là-haut? Vous m'entendez! Je suis en train de m'apprendre, de m'écrire une lettre d'amour avec ma plus belle plume! *(Aux autres.)* Moi, je pars!

GERMAINE

Où vas-tu?

GABRIELLE

Je pars à la recherche de la civilisation des poules mouillées. *(À Laure.)* Et je ne pars pas sans toi, ma mère poule!

LAURE

Je vous précède!

GERMAINE

Où irons-nous d'abord? Par où commencerons-nous?

ANNE

Par le commencement et le recommencement. Nous devrons à la fois envahir la légende et le mythe et l'Histoire.

GERMAINE

Partons, la mer est belle!

ANNE

Montagnes, montagnes, sur l'aile du vent, sur l'aile de la mère poule le premier souffle de Vénus étoilée.

LAURE

De Minerve, d'Hécate, des gorgones, des méduses. *(On entend des chants de grenouilles, puis d'autres chants d'oiseaux qui se joignent aux premiers.)* C'est peut-être les oiseaux de la terre promise?

GERMAINE

Ça vibre! Comme autrefois dans les îles de Sorel à l'heure du premier printemps. Oh! entendez comme ça vibre! Le temps se dilate, nous allons nous rejoindre au-delà des âges de pierre, d'acier, de bronze, de ciment paqueté. Ils ont inventé le temps de l'Histoire pour nous séparer les unes des autres. Je dis que nous ne sommes pas la génération passée, que nous ne sommes pas la génération à venir. Je dis que nous sommes !

GABRIELLE

Nous allons toutes les rencontrer : Marie Morin, née au Canada, Alinéor d'Aquitaine, Flora Tristan, Dame Murasaki Shikibu.

LAURE

Qui ?

ANNE

Japon, onzième siècle. Peut-être la plus grande romancière du monde.

On entend d'autres sons, une musique très rythmée, tambourin, crécelles et des voix de femmes qui se rapprochent peu à peu.

GERMAINE

Je veux rencontrer Hroswitha, la mère du théâtre moderne. En plein nouvième siècle elle écrivait du grand guignol !

ANNE

Moi je veux aussi rencontrer Hildegarde.

LAURE
(un peu affolée)

Qui ?

ANNE

Hildegarde, une visionnaire qui devina la circulation du sang, pressentit la théorie actuelle des marées. Elle était aussi écrivain, médecin, en plein douzième siècle.

LAURE

Je me sens tellement intimidée. Croyez-vous qu'elles auront lu mes livres?

GABRIELLE
(l'entraînant)

Tu demanderas! *(S'adressant à Germaine et à Anne qui se parlent à l'oreille.)* Alors, on y va!

GERMAINE

Maintenant on peut y aller!

GABRIELLE

Pourquoi maintenant? Vous avez l'air bien mystérieuses?

ANNE

Mystérieuses? Non! Radioactives. Oui!

GABRIELLE

Wow! Wow! Wow! Le quatuor atomique!

LAURE

Les cavaliers de l'apocalypse vont en faire une maudite dépression!

GABRIELLE

Femmes des ailleurs, ça ressemble de plus en plus au commencement d'un nouveau monde!

GERMAINE

Le grand livre des femmes est commencé. Il faudra ajouter des rayons de lune à toutes les bibliothèques de la terre. *(Elles se mettent en marche dans l'espace.)* Toute sera retrouvé, sauvé, décrypté.

LAURE

Un travail de géantes!

GERMAINE

Nous ajouterons les pages de notre livre au texte en croissance de toutes les femmes de la terre.

LAURE

Je veux rencontrer Louise Labé, pis les amazones.

GABRIELLE

Calamity Jane, Lucy Stone.

ANNE

Emily Dickinson. Louise Michel.

GABRIELLE

Gertrude Stein, Madeleine de Verchères. Natalie Barney, Georges Sand, Marguerite de Navarre.

GERMAINE

Ça n'aura pas de fin.

GABRIELLE

Isadora Duncan, Violette Leduc.

LAURE

Les sœurs Brontë. Emily Carr, Idola St-Jean, Sylvia Plath, Anaïs Nin, Unica Zurn, Marie Curie,

La musique et des voix de femmes se greffent sur leurs paroles, et ça continue...

Rivière Ouareau
1979-1980

TABLE

AGMV
MARQUIS

Québec, Canada
1999